董上德 著

世说魏晋名士 竹林七贤卷

四川人民出版社

图书在版编目（CIP）数据

世说魏晋名士. 竹林七贤卷 / 董上德著. — 成都：
四川人民出版社，2024.1
　ISBN 978-7-220-13412-8

Ⅰ.①世… Ⅱ.①董… Ⅲ.①竹林七贤—生平事迹
Ⅳ.①K820.35

中国国家版本馆CIP数据核字（2023）第150735号

SHISHUO WEIJIN MINGSHI：ZHULIN QIXIAN JUAN

世说魏晋名士：竹林七贤卷

董上德　著

出 版 人	黄立新
策划统筹	李淑云
责任编辑	李淑云　朱雯馨
内文插图	丁小方
版式设计	戴雨虹
封面设计	张　科
责任校对	李京京
责任印制	周　奇

出版发行	四川人民出版社（成都市三色路 238 号）
网　　址	http://www.scpph.com
E-mail	scrmcbs@sina.com
新浪微博	@ 四川人民出版社
微信公众号	四川人民出版社
发行部业务电话	（028）86361653　86361656
防盗版举报电话	（028）86361661
照　　排	四川胜翔数码印务设计有限公司
印　　刷	四川华龙印务有限公司
成品尺寸	155mm×230mm
印　　张	10.5
字　　数	117 千
版　　次	2024 年 1 月第 1 版
印　　次	2024 年 1 月第 1 次印刷
书　　号	ISBN 978-7-220-13412-8
定　　价	59.00 元

目录

前 言

一、《世说魏晋名士》与东晋袁宏《名士传》之关系

本套书是《世说新语》的一个选本。

全书分为四卷，依次为：正始名士卷、竹林七贤卷、中朝名士卷以及东晋名士卷。前三卷的框架与名单，是从东晋袁宏的《名士传》借鉴过来的。第四卷，是我对《名士传》的续编；袁宏为东晋人，当年来不及编写。

《世说新语》文学门第九十四则记载了袁宏写成《名士传》时的情景："袁彦伯作《名士传》成，见谢公。公笑曰：'我尝与诸人道江北事，特作狡狯耳！彦伯遂以著书。"原来，袁宏《名士传》脱稿后，去见谢安；谢安得悉此事，笑说："我曾经跟一些人讲述江北故事，本来只是随口说说，闹着玩的，没想到彦伯（袁宏的字）这么认真，竟然记下来写成书了。"所谓"江北事"，指曹魏末年以及西晋一朝的故事；彼时京师是洛阳，在长江以北，故称。换言之，袁宏的资料来源主要是谢安的口述。谢安在出山之前，潜心研究过曹魏、西晋的诸多名

士，熟悉他们的思想和故事，在朋友聚会时娓娓道来，讲得津津有味，吸引了诸多听众，其中，最为热心的听众就是袁宏。这就是《名士传》的由来。

袁宏的《名士传》今已失传。南朝梁刘孝标为《世说新语》做注，特别将《名士传》收录的名单列了出来："（袁）宏以夏侯太初、何平叔、王辅嗣为正始名士，阮嗣宗、嵇叔夜、山巨源、向子期、刘伯伦、阮仲容、王濬冲为竹林名士，裴叔则、乐彦辅、王夷甫、庾子嵩、王安期、阮千里、卫叔宝、谢幼舆为中朝名士。"换言之，《名士传》分为三卷，依次是卷一"正始名士"，卷二"竹林名士"，卷三"中朝名士"。估计到了刘孝标的时代，《名士传》尚然在世，刘孝标就是看到此书才会注释得那么具体而详细。而本书前三卷的框架和名单即渊源于此（至于本书第四卷的入选名单及其缘由，敬请参见该卷的导读部分）。

这套书依《世说新语》而另作编排。编排的方式从袁宏而来，创意是他的，具体的选择和解释是我的。这样别裁的选本，目前尚未见到，也算是一种尝试。

《世说新语》共分三十六个门类，一个人物的故事每每散落在不同的门类之中，检读不易，难以形成关于某个人物的整体印象，于知人论世有所不利。如果将某个人物的故事，大体依照其生平经历，重做整合，参以正史，结合刘孝标注文的一些重要信息，详细阐释或辨析，未尝不是一种新的读法。书中的每一条释读，以及每一个人物全部故事之后的"编选者言"，均试图亦文亦史，文史结合，以期知人论世。如此一来，可能会增强本书的可读性和趣味性。至于释读里的一些个人看法或商榷意见，本着实事求是之心，以献一得之愚。

二、刘义庆《世说新语》的成书背景与编写心态

如今，出版《世说新语》，一般将著作权归于"南朝宋刘义庆"。依据是《隋书·经籍志》《旧唐书·经籍志》《新唐书·艺文志》等权威书目在著录此书时均有"宋临川王刘义庆撰"字样；乃至于到清代的《四库全书总目》，一直没有第二种说法，历代官修、私修的目录书皆相沿不变。

刘义庆（403—444），是南朝宋开国皇帝刘裕的侄子。他的生父刘道怜（长沙景王），是刘裕的弟弟。刘义庆后来过继给无子的刘道规（临川烈武王）；刘道规是刘裕最小的弟弟，本是刘义庆的叔叔。刘道规较早去世，刘义庆作为继子，由南郡公转而承袭临川王的封号，还是宋武帝刘裕在世时候的事情。

身为南朝宋的皇室成员，刘义庆的一生没有大风大浪。尽管当时的政治风云诡谲多变，动辄得咎，杀戮成风，但刘义庆十分谨慎，生活简朴，为人谦虚，不惹是生非，甚至在元嘉八年（431）"乞求外镇"，即离开朝廷，到地方上去做官。这时他已经二十九岁，正处于仕途的上升期；而当时的皇帝宋文帝刘义隆（是其堂弟）还挽留他继续在朝中任职，可刘义庆一再恳求皇帝解除其尚书仆射职务；刘义隆是劝他不过才最后同意的。次年，刘义庆结束了他的京尹时期（义熙十三年至元嘉九年，即417—432年，刘义庆十五岁至三十岁），出任荆州刺史（元嘉九年至元嘉十六年，即432—439年），长达约八年的时间，即其三十岁至三十七岁是在荆州度过的。其后，他先转任江州刺史（江州府治在今江西的九江市，一说在今南昌市；时

间是元嘉十六年至元嘉十七年，即439—440年），再转任南兖州刺史（南兖州府治在今江苏扬州市；时间是元嘉十七年至元嘉二十一年，即440—444年）。据记载，刘义庆于元嘉二十一年"薨于京邑"，即今南京，时年四十二岁。估计是他病重时由扬州转往京师（今南京）救治，直至去世。

有点麻烦的是，《宋书·刘义庆传》没有提及刘义庆编写《世说新语》一事，那么，他在何时何地完成这项工作，是一人完成还是成于众手，这成了学术界的悬案；还有，他在何种心态之下去从事编写，也是值得探讨的。

先谈谈编于何时何地，以及是否成于众手的问题。

学术界有一种较为权威的看法，认为《世说新语》的编写时间是元嘉十六年（439），刘义庆出任江州刺史期间，而地点就是江州府治（杨勇《世说新语书名、卷帙、版本考》，《杨勇学术论文集》，中华书局，2006年，第448页）。这一说法的主要依据是刘义庆身边有一群文士，如著名诗人鲍照，还有当时以"辞章之美"著称的袁淑、陆展、何长瑜等，他们是在江州与刘义庆相遇相识，并受到刘义庆的器重。此说启示我们注意，《世说新语》一书可能不是刘义庆一个人编写的，更有可能是书出众手，是一个集体完成的项目。关于这一点，鲁迅先生《中国小说史略》早有论及，但措辞比较谨慎，说"书或成于众手，未可知也"，没有使用论断的语气。

问题是，刘义庆在江州的时间较短，大概不满一年就到扬州转任南兖州刺史去了。而《世说新语》一书，涉及为数众多的人物、丰富繁杂的文献，而且部头颇大、分类细致（多达三十六个门类），抄抄写写，拼接归类，还要尽量避免各类之间的资料重复，这么大的一个项目要在不足一年里编写成功，殊非易事。

我认为，时间过于仓促，《世说新语》编成于刘义庆江州刺史任上的可能性不太大。然而，他在江州认识的文士，不一定在他赴任扬州时就与之分开，请注意，《宋书·刘义庆传》说刘义庆把鲍照、袁淑等人"引为佐史国臣"；此句之后接着写道："太祖（即宋文帝刘义隆）与义庆书，常加意斟酌。"此语不可忽视，它暗示着一个情形是以前没有的，即刘义庆自从结识了鲍照、袁淑等人之后，身为皇帝的刘义隆在处理某些重要的文书时常常以书信的方式与刘义庆"加意斟酌"，无他，就是因为刘义庆身边有若干文笔过硬的人。从写文章的角度看，若无关系，就不会在"引为佐史国臣"之后紧接上"太祖与义庆书，常加意斟酌"这句话。如果这样理解不错，则可以推断，"引为佐史国臣"的鲍照、袁淑等人，具备为朝廷斟酌文书的特殊职分；于是，我们有理由相信，刘义庆身边的某些文士很有可能在他离开江州之后依然做了临川王所依赖的文胆。

换言之，鲁迅先生"书或成于众手"的说法大体还是可以成立的。有人分辩说，查鲍照、袁淑等人的生平，并无关于他们参与编撰《世说新语》的任何证据，从而否定"书出众手"说（王能宪《世说新语研究》，江苏古籍出版社，1992年，第15—21页）。但是，我们没有必要执着于去认定非要鲍照、袁淑等人参与不可，哪怕他们真的没有，也不排除刘义庆身边还有其他人帮助完成这部书，《宋书·刘义庆传》说得很清楚："（刘义庆）招聚文学之士，近远必至。"既然如此，刘义庆身边，除了鲍照、袁淑等之外，还大有人在。

接下来的问题依然是何时何地。如果说，刘义庆不太可能在不到一年的时间里成书于江州，那么，可能的时间和地点又如何推断呢？我提出如下猜想：《世说新语》可能最终编成于刘义庆出任南兖州刺史的任上（这里并不排除此前已经在江州动手编写的可能性），地点是扬州。理由如下：刘义庆在元嘉十七年冬十月从江州移镇扬州，次年的五月，宋文帝刘义隆给予刘义庆特别的恩遇，即"开府仪同三司"，这是魏晋南北朝时期的一种朝廷重赐，通俗地说，就是在指定的地方建立专属府邸，其规格大致与太尉、司徒、司空等所谓"三公"相仿，其身份、地位一下子超越了一般的刺史，有了这个所在，就更容易"招聚文学之士"了。这一件事，不仅《宋书·刘义庆传》有记载，《宋书·文帝本纪》亦郑重记录，可见非同小可，于刘义庆本人而言，这绝对是其一生中的高光时刻，为编写《世说新语》提供了良好的环境和条件。还有一点，扬州是刘义庆生命历程的最后一站，从三十八岁到四十二岁，他在扬州度过的时间约有四年，相对安稳，编写并最后完成《世说新语》全书是较为从容的。

再谈谈编书出于何种心态的问题。

既然《宋书·刘义庆传》没有提及编写《世说新语》一事，今传《世说新语》又无编著者的序跋、凡例，那么，刘义庆出于何种心态编书真是个不小的问题。我觉得不妨从刘义庆与宋武帝刘裕、宋文帝刘义隆的关系入手来加以考察，这样或许能够找到进入刘义庆内心世界的秘密小径。

刘义庆从小就得到其伯父刘裕的赏识和器重，刘裕评价刘义庆为"此我家丰城也"。此话怎解？据说，西晋永平年

（291），在江西丰城出土了春秋时期楚国干将、莫邪铸造的雌雄宝剑，丰城于是成了藏宝的代称，故"我家丰城"云云，指刘义庆潜力不凡、将成大器，也就是古人所谓"藏器待时"的另一种说法。而事实上，刘义庆是有意在行事作风方面向其伯父学习的，比如，他平时生活简朴，不事张扬，"为性简素，寡嗜欲……受任历藩，无浮淫之过"，"足为宗室之表"（《宋书·刘义庆传》）。再看刘裕的日常作风："清简寡欲，严整有法度，未尝视珠玉舆马之饰，后庭无纨绮丝竹之音。……内外奉禁，莫不节俭。"当时，有一位叫袁颉的大臣盛称宋武帝"俭素之德"（《宋书·武帝本纪（下）》）。不要忽略这一点，刘裕、刘义庆节俭、严整、寡欲的人格修养，可以帮助我们理解《世说新语》里为何有不少表示负面评价的类别，如"汰侈""任诞""惑溺"等，这些都是刘义庆所要否定的。

刘义庆是宋文帝刘义隆的堂兄，二人相差四岁。他们除了堂兄弟的关系之外，还有一层更为密切的缘分，即二人年少时都是由刘道规一手养大的，甚至刘义隆一度也要过继给刘道规，因为"礼无二继"，最终只确立了刘义庆的继子身份，刘义隆还本依旧做回刘裕的儿子（排行第三）。纵观这一对堂兄弟，自从他们变为君臣之后，可以说颇为相得。这里有一点需要稍做辨析，即《宋书·刘义庆传》说刘义庆"少善骑乘，及长，以世路艰难，不复跨马"。有论者认为，所谓"世路艰难"，就是指封建统治阶级内部的种种矛盾，特别是指宋文帝刘义隆的猜忌，使诸王和大臣都怀有戒心，惴惴不能自保。故此，刘义庆为了全身远祸，于是招聚文学之士，寄情文史，编辑了《世说新语》这样一部清谈之书（周一良《周一良学术文化随笔》，中国青年出版社，1998年，第27—31页）。我不能完全同意这一观点。

刘义隆猜忌成性、杀人无数，是事实，但是说刘义庆因此就不过问政治，只是想躲到地方上"寄情文史"，不符合实情。依据是，元嘉十二年（435），刘义庆时任荆州刺史，宋文帝"普使内外群官举士"，即要求朝廷内外的官员举荐人才，刘义庆上表推举了若干人，并称这些人的品行高洁，或"恬和平简，贞洁纯素"，或"才学明敏，操介清修"，或"秉真履约，爱敬淳深"，如此及时而热心地响应，不能说他是置身于朝廷政治之外的。而《世说新语》里一些表示正面评价的类别，如"德行""方正""雅量"等，都是刘义庆所要肯定的。

再说，刘义庆"乞求外镇"，想离开京师，虽不能说没有政治考量，但更多地与他本人的迷信心理有关。元嘉八年（431），因为"太白星犯右执法"，他才提出要到地方上去的（《宋书·刘义庆传》）。《世说新语》里也记录了曹魏时期何晏等人、东晋时期王导等人的迷信心理，其间是否也有一定的相关性呢？

回到刘义庆与刘义隆的关系问题上来，可以看到的是，他们经常有书信来往，一直没有出现冲突，保持着正常的君臣关系，甚至到了元嘉十八年（441），即刘义庆去世前三年，刘义隆还特意赐刘义庆"开府仪同三司"；刘义庆病重后由扬州回到京师救治，很有可能还是出于刘义隆的关照。我们不能因为刘义隆有严重的性格缺陷就想当然地以为刘义庆跟他的关系非常紧张，以至于推断刘义庆编写《世说新语》是为了避祸。

另外，在梳理刘义庆与刘裕、刘义隆的关系的基础上，我们还可以看到，《世说新语》的内容，正面的与负面的并举，即褒与贬适成对照，别看全书有三十六个类别之多，但就义理层面而言，就是一个正与负的二元结构（正面的价值判断/负面的价值判断）。我们或许能从《宋书》的相关史料里找到一些解读这个二元结构的线索。

刘义庆毕竟是刘宋皇室成员，刘裕、刘义隆均待他不薄，他不会对刘裕、刘义隆的为政思想和"东晋败亡论"置若罔闻，他的政治立场不会与之有异。刘裕即将登基时，禅位的晋恭帝发布诏书，其中承认"晋道陵迟，仍世多故"（《宋书·武帝本纪中》），换言之，东晋政权在治国理政上出现很多问题，产生一连串危机，这可以说是刘宋政权要取而代之的逻辑起点。刘义庆不会不在其政治生涯中时时思考。

刘裕登基后，一方面，"礼貌性"表示"晋朝款诚于下，天命不可以久淹，宸极不可以暂旷"，自己就把政权接过来了；另一方面，刘裕在登大位时也说得明白："晋自东迁，四维不振"，导致"宗祀湮灭"（《宋书·武帝本纪下》），对东晋政权的政治作了反思和论断，这就是刘裕的"东晋败亡论"，为刘宋政权的东晋论述定下基调。可见，思辨东晋"四维不振"的原因是当时的重要课题。刘义庆不会不在其政治生涯中时时留意。

到了刘义隆掌权，败亡的东晋依然是最高统治者要天下人引以为鉴的对象，故而要求臣下"各献谠言，指陈得失"（《宋书·文帝本纪》）。值得注意的是，刘宋统治者对于晋朝尤其是东晋人物，心态是复杂的，比如，对东晋谢氏家族后人谢混（谢安的孙子），刘裕发现他依附异己势力，迅速铲除，毫不手软；对同是东晋谢氏家族后人的谢灵运（谢玄的孙子），刘义隆虽曾经表示赏识，但最后还是以谋反之名将他杀了。可另一方面，为了显示刘宋政权与东晋政权的承继关系（刘裕曾经还是东晋的臣子），又不能对东晋人物一概否定，于是，就有了刘裕上台后的一个很特别的举措："以奉晋故丞相王导、太傅谢安、大将军温峤、大司马陶侃、车骑将军谢玄之祀。"（《宋书·武帝本纪下》）换言之，刘宋政权对于此前一个朝代的政治是持基本否定态度的，对于此前一个朝代的人物却不敢轻易否定。但无论如何，均有是非判断。这是《世说新语》义理层面存在是与非二元结构的深层原因。刘义庆在这一点上与刘裕、刘义隆保持基本一致。

有一个小人物，可以帮助我们了解刘义庆对于文采风流、生性轻浮的人是持何种心态。这个人叫何长瑜，是谢灵运的好朋友。《宋书·刘义庆传》记载：刘义庆在任江州刺史时，他的身边就有"东海何长瑜"。换言之，何氏曾经是刘义庆的文胆之一。另据《宋书·谢灵运传》，何长瑜任刘义庆幕僚期间，曾以轻薄的口吻嘲笑同僚陆展等人，惹得"义庆大怒"，上报朝廷，将何氏打发到岭南去，成为"流人"。等到刘义庆去世之时，何氏仍在岭南，没有北归。这等于说，刘义庆到死也不愿再见此人（以刘义庆的权势，让何氏返回并非难事）。其决绝如此。比对何氏与谢灵运二人，颇多相似之处：同样具有文学才能（何氏曾是谢灵运族弟、南朝著名文学家谢惠连的老师），同样风流倜傥，同样偏激轻浮。何氏先依附谢灵运；谢灵运死后（谢卒于元嘉十年，433年），大概于元嘉十六年（439），何氏成为刘义庆的助手。按说，谢灵运故事甚多（仅《宋书·谢灵运传》就记载不少），曾几何时，熟悉谢灵运的何氏就在身边，刘义庆不会不了解谢的诸多往事。如果刘义庆是喜欢谢灵运的，他完全可以将更多谢灵运的故事编入书中，可是，《世说新语》里，谢灵运的故事仅有一则，而且是负面的（见言语门第一〇八则，讲谢灵运的举止很造作）。刘义庆对谢灵运的评价不言而喻。

其实，若论言行举止，谢灵运与谢玄、谢安乃至于王导、王衍等，可谓风神互接、一脉相承；而王导、王衍等又与"竹林七贤"、正始名士等精神相通，"善于清谈"就成了他们共同的标签。据《宋书·谢灵运传》，谢灵运的性格是多面的，如他"性奢豪，车服鲜丽"，这与谢玄讲究服饰是近似的；他喜欢"肆意游遨"，这与谢安的"东山之乐"是近似的；他对于公务粗枝大叶，无所用心，这与大大咧咧的谢万（谢安之弟）是近似的。《世说新语》里谢氏家族的类似故事也甚多。因此，刘宋政权尤其是宋文帝刘义隆在使用谢灵运的问题上是极有保留的，《宋书·谢灵运传》写得明白："灵运为性偏激，多愆礼度，朝廷唯以文义处之，不以应实相许。"换言之，谢灵运的轻浮性格很不利于他的仕途发展，他是被朝廷控制使用的，真正具有实权的事情不会安排他去做。其中，"多愆礼度"四字是其要害，指违背常情礼法、举止失度；反观《世说新语》，里面"多愆礼度"的故事所在多有，这能不引起我们的格外注意吗？

刘义庆对谢灵运的否定态度，使我们得以管中窥豹，重新审视其编写心态。可以说，刘义庆对于"魏晋风流"是时刻在反思着的，虽不能说一概否定（他作为爱好文义的人，且喜欢与文学之士打交道，对于素雅、机智、辩才等，还是能够赏识的，如同宋文帝刘义隆也要侧重于利用谢灵运的文义一样），但也不是盲目欣赏，更不是以之作为名士养成的教科书。只要思考《世说新语》全书为何有一个内在的正负二元结构，就会明白这是一部充满着反思意味的大书，内含着刘宋政权的东晋论述。

这就是我在介绍《世说新语》的成书背景和编写心态时最想揭示的一点。

三、关于《世说魏晋名士》的几句赘语

《世说新语》的文本性质是一部汉魏至东晋末年名士们的言行碎片的类编（少数人物生活至刘宋时代）。

这里强调是碎片，即希望读者先要有一个心理准备，或者说，不妨调整一下自己的阅读期待，不宜抱着追连续性故事的心态来看，书中的名士言行往往是无头无尾的，或是零零碎碎的，更有些是字都认识就是不知说什么的。本书的释义和释读力求帮助读者解决诸如此类的问题。

如果孤立地看某个人的单个故事，有时会觉得此人颇有气质，很显个性；然而，如果把他的故事综合起来看，尤其是考察其一生的出处行藏、得失成败，结论就可能不一样了。他们的各种故事，可以释读出不同的侧面，有可以学习的，有值得借鉴的，有应该引以为戒的，也会有要进一步反思的，等等。

同时，不必将书里的人物都视为古人楷模，他们的性格丰富复杂，雅俗兼备；优点可谓优到极致，缺点甚至坏到不可收拾，本书的"编选者言"会做一些适当的点评，以期明辨是非得失。

本书在编写过程中，主要参考了如下著作：张万起、刘尚慈《世说新语译注》（中华书局，2009年），余嘉锡《世说新语笺疏》（中华书局，2011年），龚斌《世说新语校释》（上海古籍出版社，2011年），徐传武校点《世说新语》（上海古籍出版

社，2013年），朱碧莲《世说新语详解》（上海古籍出版社，2013年），张永言主编《世说新语辞典》（四川人民出版社，1992年），毛德富、段书伟等译《世说新语》（中州古籍出版社，2017年），董志翘、冯青《世说新语笺注》（江苏人民出版社，2019年）。其中，原文及其标点主要依据余嘉锡《世说新语笺疏》而有所订正，人名检索得益于徐传武校点《世说新语》所附之"人名索引"。谨此说明，一并致以衷心感谢！

董上德

2020年8月8日

正始名士（曹魏时期）

正始，是魏齐王曹芳在位时的年号，起止时间是公元240—249年。曹芳，是魏明帝曹叡的养子，名义上算是魏文帝曹丕的孙子。他八岁登基，年纪尚幼，实际掌权的是曹魏宗室的曹爽（曹操族孙）。

所谓"正始名士"，指活跃于正始年间以谈论玄学（主要对象是《周易》《老子》《庄子》，其中涉及玄而又玄的学理，故称玄学）出名的人物，何晏、王弼、夏侯玄是其代表。其中，何晏、夏侯玄同属曹爽政治集团的核心成员。嘉平元年（249），何晏与曹爽均被发动政变的司马懿所杀，王弼也因急病卒于此年。夏侯玄则于嘉平六年（254）被司马懿之子司马师杀害。

东晋袁宏撰《名士传》，其"正始名士"部分收录以上三人的传记（原书已佚）。三人在玄学方面造诣颇深，尤其是何晏、王弼，他们的谈玄引领着两晋的学风，深刻影响了士大夫们的精神世界。他们是玄学的开创者，也是后世清谈家的偶像。他们的言谈及其方式被尊为"正始之音"。

至于夏侯玄，他对后世的主要影响不在学术方面，而是在行为举止上成为不少名士模仿的对象。所谓"魏晋风度"，如刚正孤傲、处变不惊、玉树临风等，夏侯玄可做标本。

换言之，这几位正始名士开启了一个从外在姿态到内在心态都显然有别于以往的个性化处世样式。

一

何晏

何晏（？—249），字平叔，南阳宛县（今河南南阳）人。三国时曹魏大臣，东汉大将军何进之孙（一说是何进弟何苗之孙）。其父早逝，生母尹氏改嫁曹操，故曹操是其继父；从少年时代开始，何晏是在曹操的爱护和影响之下长大的。

在魏文帝曹丕在位期间，何晏与曹丕有矛盾，无所任事，相当失意。正始年间，他与掌控实权的曹爽交好，被委以重任，负责官员的提拔。司马懿伺机铲除曹爽势力，何晏被杀，死于非命。

何晏以才秀知名，在儒学、玄学方面均有较高修养，著有《论语集解》《道德论》等。他是魏晋玄学的奠基者之一。

1> 何晏七岁，明惠若神，魏武①奇爱之。因晏在宫内，欲以为子。晏乃画地令方，自处其中。人问其故，答曰："何氏之庐也。"魏武知之，即遣还。（夙惠2）

‖ 释义

①魏武：魏武帝的略称，即曹操（东汉末年封为魏王）。其子曹丕代汉称帝，追尊曹操为武皇帝。故称魏武帝。

‖ 释读

何晏七岁时，已经显得特别聪明灵慧，被视为神童。曹操格外喜欢他。年纪尚小的何晏当时依随母亲在曹操的宫内生活，曹操一度想认何晏为子。可是，忽然有一天，何晏在地上画了一个方形，自己置身其中。有人问他是什么意思，他说："这就是我何氏之家。"曹操得知后，放弃认何晏为子的想法，随即将他送回亲戚家。

何晏的先辈何进等人是东汉末年的实权人物，何家曾是显赫一时的权贵之家，何晏以姓何为荣，这是他不愿意被曹操认作儿子的原因之一。

《世说新语》唐写本此条所录刘孝标的注文，颇为详细，有些细节不见于如今的通行本，说何晏平时的服饰模仿世子曹丕，曹丕"特憎之"，即特别厌恶何晏，又不称呼他的名字，经常直叫何晏为"假子"。以上描述，也可以在《三国志·魏书·何晏传》裴松之的注文里看到。可以想见，何晏平时受到曹丕的歧视和侮辱，心有不平，这是他不愿意被曹操认作儿子的原因之二。

何晏自小就与曹丕有矛盾，在曹丕掌权时期，他不受重用，相当失意。何晏的官运是在曹丕死后才亨通起来的。

故事里的何晏，在家族认同方面有着十分强烈的自主意识，小小年纪就表现出"画地为庐"的行为艺术，的确有其不凡之处。

2> 何平叔云："服五石散①，非唯治病，亦觉神明开朗。"（言语14）

|| **释义**

①五石散：药名，以石钟乳、石硫黄、白石英、紫石英、赤石脂为主组方配成。药性极"热"，服用者需要吃冷的食物加以调剂（只有酒是例外，要热饮），故又称为"寒食散"。据说，此方始于汉代，但使用者不多；何晏服用后，"首获神效"，于是逐步推广，尤其是在士大夫阶层成为时尚，服食者越来越多。

|| **释读**

何晏曾经说："服用五石散，不是仅仅用来治病的；就是平时没病，服用之后，也会觉得神清气爽、心情舒畅。"

身为贵公子，何晏生活条件优厚，又喜欢声色之乐，放纵欲望，从"神明开朗"的服用效果看，五石散在某种程度上属于今天所说的精神科药物，甚或说就是毒品。鲁迅《魏晋风度及文章与药及酒之关系》里面提到的"药"，主要指的是五石散。何晏是服用此药的祖师爷。

何晏还是一位很重要的玄学家，谈论玄学，需要很强的思辨能力，要思路敏锐，思考深入，见解独特，或许他所说的"神明开朗"的状态也与此有关。

但无论如何，何晏这种服药的行为会产生很大的副作用。魏晋时期，不少名士效法何晏，以服药为风雅，导致行为怪异，鲁迅的上述文章有过精到的分析，不妨参看。

3 > 何平叔注《老子》①，始成，诣王辅嗣。见王《注》精奇，乃神伏②曰："若斯人③，可与论天人之际④矣！"因以所注为《道》《德》二论⑤。（文学7）

|| **释义**

①《老子》：相传是春秋时期老子的著作，后称《道德经》。原或以《德经》《道经》为序，后来在传抄过程中常见《道经》（共三十七章）在前，《德经》（共四十四章）在后。何晏的《道》《德》二论与这一次序相对应。

②神伏：极为佩服，甘拜下风。

③斯人：此人。

④天人之际：指大自然与人类社会之间的相互依存关系。出自司马迁《报任安书》："究天人之际，通古今之变，成一家之言。"在古人心目中，探究天道与人事的关系是学问的最高境界。

⑤《道》《德》二论：此处指何晏将自己原来对《老子》的注释文字加以整合、改写，成了两篇专论，相对独立于《老子》文本之外。

|| **释读**

何晏是精研《老子》的专家，他注释此书，刚刚完成全稿，去王弼家，见到王弼也在注释《老子》；王的注解十分精确、独到，令人耳目一新。看过之后，何晏极为佩服，甘拜下风，感叹说："像王弼这样的人，才有资格和我探究天道与人事的关系问题啊！"知道自己的注释还不如王弼，于是，何晏调整写作策略，将自己的注释文字整理、改写为《道论》和《德

论》两篇文章。

王弼注释《老子》的著作，今天仍在流传，是研读《老子》的必读书之一。由此可以证明王弼有真知灼见，亦能旁证何晏当年的判断力。

更为难得的是，何晏作为身居高位的前辈，能够谦逊地自认不如晚辈王弼，有这样的气量和识见，可以说是古今少见。

遇到何晏，是王弼一生的幸事。王弼注释《老子》的著作得以传世，何晏自有识拔之功。二人的交往成为学术史上的一段佳话。

4 何晏注《老子》未毕，见王弼自说注《老子》旨①。何意多所短②，不复得作声，但应诺诺③，遂不复注，因作《道》《德》论。（文学10）

|| **释义**

①注《老子》旨：注释《老子》的宗旨和心得。

②短：此处指不足、欠缺。

③诺诺：连连表示同意的样子。

|| **释读**

何晏注释《老子》，还没有完成全稿，某天，见到王弼，听他自述注释《老子》的宗旨和心得；何晏听着听着，觉得自己在理解和注释《老子》方面不如王弼的地方还真不少，有很多不足和欠缺，一边听，一边连连表示赞同，而插不上嘴。于是，何晏调整写作策略，不再继续注释工作，改为写作《道

论》和《德论》。

此与上一则颇有异同。上一则讲的是何晏已经写出全稿，而此处却说尚未完成；上一则写的是何晏见到王弼的书稿，表示佩服，而此处却是说何晏听王弼自述见解。可见是同一件事情，有两种传闻。然而，二者并不矛盾，主要的意思是一样的，都是描述王弼的高明，以及何晏的谦逊。

《世说新语》出现同一件事的异文（类似于不同版本），一则说明在编写者看来这一件事很重要，哪怕有两种说法，也要同时收录，不可遗漏；一则说明编写者在甄别材料时颇感为难，不知哪一条最为接近真相，为审慎起见，只好并存，以待高明。

5 何平叔美姿仪，面至白；魏明帝①疑其傅粉。正夏月，与热汤饼②。既啖，大汗出，以朱衣自拭，色转皎然③。（容止2）

‖ **释义**

①魏明帝：曹丕的儿子曹叡（ruì），曹丕去世后继位。

②热汤饼：即热汤面。

③皎然：洁白的样子。

‖ **释读**

何晏姿容俊美，脸特别白净，魏明帝曹叡怀疑他脸上涂了粉。正好是夏天，故意让何晏吃刚煮好的热汤面。吃完后，出了大汗，何晏以红色的朝服擦脸，脸显得更白了。

论辈分，何晏是魏明帝曹叡的长辈。宫禁森严，身为晚辈的曹叡不大知道何晏的生活细节是可能的。这则故事以生动的文笔写出何晏长得白净，是一位面容姣好的美男子。

何晏是服食五石散的祖师爷，五石散的功效之一是令皮肤变得更薄。他的白净脸庞是否也与此有关呢？

不论如何，有史料可以证明，何晏是比较自恋的，说他"行步顾影"，即便平时走路也相当注意步姿步态，阳刚似乎说不上，阴柔之气倒是有一些。

6 ▷ 何晏、邓飏①、夏侯玄并求傅嘏②交，而嘏终不许。诸人乃因荀粲③说合之，谓嘏曰："夏侯太初一时之杰士，虚心于子，而卿意怀不可交。合则好成，不合则致隙④。二贤若穆⑤，则国之休⑥，此蔺相如所以下廉颇也。"傅曰："夏侯太初志大心劳，能合虚誉，诚所谓利口覆国⑦之人。何晏、邓飏有为而躁，博而寡要⑧，外好利而内无关龠⑨，贵同恶异，多言而妒前⑩。多言多衅，妒前无亲。以吾观之：此三贤者，皆败德之人耳！远之犹恐罹祸⑪，况可亲之邪？"后皆如其言。（识鉴3）

‖ 释义

①邓飏：三国魏南阳郡（今河南南阳）人，曾任颍川太守、侍中、尚书等官职。为人虚浮、贪婪，与曹爽结党，被司马懿杀害。

②傅嘏：三国魏北地泥阳（今陕西铜川耀州）人。正始年间，任尚书郎、黄门侍郎等官职。对朝廷多有建言，享有名望。

③荀粲：三国魏颍川颍阴（今河南许昌）人。荀彧的小儿

子。与傅嘏交好，同时也是夏侯玄的朋友。

④致隙：导致裂痕、隔阂。

⑤穆：和睦。

⑥休：吉庆、和美。

⑦利口覆国：意谓巧言令色，夸夸其谈，却并无实干能力，乃至祸害国家。语出《论语·阳货》："恶利口之覆邦家者。"

⑧博而寡要：知识面广而不得要领。

⑨关龠（yuè）：本指门闩和锁钥，此处转义为约束、底线。

⑩妒前：妒忌超过自己的人。

⑪罹（lí）祸：遇到祸害。

▌ 释读

何晏、邓飏、夏侯玄相约一起请求跟傅嘏交好，而傅嘏始终不肯。他们于是转而求荀粲帮忙疏通，说些好话。荀粲对傅嘏说："夏侯玄是当今杰出人士，对您也很谦恭仰慕，可是您抱有成见，不与他交往。其实，相互交往会做成事情，不交往就容易产生误会和隔阂。贤者与贤者如果和睦相处，是国家之幸。这就是蔺相如忍让廉颇、避免冲突的缘由。"傅嘏回应道："夏侯玄志向颇大而心思过重，有才能，积累了一些虚名，可此人正是个嘴巴厉害、多言误国的人。何晏、邓飏，希冀有所作为但躁动不安，学问广博却不得要领；外则贪图利益，内则心无底线；意见相同的结为团伙，意见相异的排斥打击；以善于言谈著称，而妒忌比自己厉害的人；炫耀自己善于言谈，也时时因言谈与人结怨；嫉恨超过自己的人，到头来没有亲近的朋友。在我看来，这三个所谓贤者，全是品德败坏之人。我怕祸及自身，避之唯恐不及，怎么可能还要跟他们接近呢？"此后，上述三人的处世经历和下场，都一一被傅嘏说中了。

这一则文字，在《世说新语》中具有十分重要的指标性意义。

在此书识鉴门的语境里，傅嘏是正面人物，是一位目光敏锐、见解卓越的"预言家"，他没有被何晏、邓飏、夏侯玄等人的虚誉所迷惑，不认为他们的滔滔口才可以治理国家；更为尖锐的是，他并非随意做出判断，而是依据自己的观察，以及对何晏等人的性格特点、行为习惯的分析，认定他们正因为口才特好反而更不利于国家，即所谓"利口覆国"。

通观魏晋时期，诸多名士都是以何晏等正始名士为榜样的。刘义庆在编写《世说新语》时，十分在意研讨东晋王朝拥有那么多声誉日隆的名士政治家却终于败亡的原因，在某种意义上说，刘义庆是一位结果论者。我们要特别注意这一则文字的最后一句话"后皆如其言"。历史无情，无可辩驳，何晏等人尽管名气甚大，也似乎满肚子学问，但由于性格的缺陷、品德的败坏，以及结党营私的罪行，最终落得身败名裂的下场；曹魏政权走向覆灭，他们也要承担一定的历史责任。与之对照的是，东晋的一批名士政治家盲目推崇正始名士，没有从他们身上吸取应有的历史教训，同样是以清谈来招摇过市，甚至忙于政治门阀之间的争斗，没有几个人是真心从事北伐大业、以求恢复中原失地的；东晋政权走向覆灭，他们也要承担一定的历史责任。

从曹魏到东晋的历史，若贯通起来看，就可以明白，《世说新语》的编写者是在反思这历史长河里不同时期的名士们的种种言行，虽然并非一概否定（对于"名士风流"里一些具有文化史价值的东西还是适当肯定的），但更多的是借助书中的各个类别的故事，让读者看清楚人性之复杂多样，以及名士们的虚誉（生前的世俗名声）和下场（身后的历史评价）之间的严重错位。

故此，何晏等人被傅嘏预言的这一则文字，以及编写者特意加上的"后皆如其言"一句，值得我们三思，所谓指标性意义就在这里了。

这一则文字，是解读整部《世说新语》的一把钥匙。

7 何晏、邓飏令管辂①作卦②，云："不知位至三公③不？"卦成，辂称引古义④，深以戒之。飏曰："此老生之常谈。"晏曰："知几其神乎⑤！古人以为难。交疏吐诚⑥，今人以为难。今君一面尽二难之道，可谓'明德惟馨⑦'。《诗》不云乎：'中心藏之，何日忘之⑧！'"（规箴6）

|| **释义**

①管辂（lù）：三国魏时的命理家，精通术数。

②作卦：以占卜的方式求得卦象。

③三公：曹魏时期官阶最高的太尉、司徒、司空的合称。

④古义：此指与卦象相联系的《周易》的义理。

⑤知几其神乎：能够洞悉先机，几乎是神才能做到的。几，指微妙的、不容易察觉的变化征兆。

⑥交疏吐诚：尽管交情尚浅，但能吐露肺腑之言。

⑦明德惟馨：意谓完美的德行，具有感染力，传扬不衰，好像香气远播一样。语出《左传·僖公五年》引《周书》。

⑧中心藏之，何日忘之：《诗经》名句，见《诗经·小雅·隰桑》。意谓藏于心底，一日不忘。此处何晏引用，一则表示不忘记管辂的点拨之恩，一则表示不忘记卦象所隐含的《周易》的义理。

‖ **释读**

何晏、邓飏知道管辂谙熟《周易》，叫他帮忙占卜，说："不知能否达至三公的高位呢？"管辂占卦完毕，将得到的卦象与《周易》的义理相联系，提醒二人要据此义理而知进退，意在有所劝诫。邓飏听后，觉得没有新意，说："这些都是老生常谈而已。"何晏不同意，说："得悉极其微妙的预兆，几乎是神才能做到的，古人以此为难；交情不深而尽说实话，吐露肺腑之言，今人也以此为难。如今，我们只是与管君初次见面，管君已经将公认的两种难事都做到了，太不容易了，可以说是'明德惟馨'啊！《诗经》不是说过吗：'中心藏之，何日忘之！'"

就学养而言，邓飏明显不及何晏。何晏也算是一个明白人，他读书多，管辂借卦象点拨一下，他就领会了，言谈之间，还不无书卷气，引经据典，随口而出。可是，何晏又是一个知行不能合一的人，理论上，他知道的很多，可在实际的人生里却不能贯彻，出现了知与行的严重错位。

何晏和邓飏都是官迷，否则就不会占卦关心自己日后是否可以升官，而且是以三公为目标；二人都是读书人，表面上知书达理，可实际上不做正人君子，而是与曹爽等人沆瀣一气，结党营私，终至死于权力恶斗，不能尽其天命。

深懂《易》理古义的何晏，自己性命也保不住，做不到明哲保身，令人深长思之。

何晏既是学者，又是政客。他出自高门大族，又受到位高权重的曹操的深刻影响，其身上的权贵做派是显而易见的。

作为学者，何晏饱学识，有著作，且留下了谦让后辈的佳话，不能说他一无是处。虽然他在生活作风上不无可议之处，兼有矫揉造作的毛病，但是，他与王弼开创的玄学研究在古代哲学史上占有一席之地，这是不能否定的。阅读《世说新语》，经常会接触到"正始之音"一词，何晏、王弼就是其主要代表。

可作为政客，何晏颇多劣迹。查阅《三国志·魏书·何晏传》，史家对何晏的评价基本负面。究其原因，是他在正始年间伙同手握朝政大权的曹爽做了不少坏事；狐假虎威，党同伐异，尤其是利用吏部尚书的权力卖官鬻爵，满足私欲，为世人所不齿。

何晏从小生活在某种人际关系的夹缝里，特别是他与曹丕互不服气，结下仇怨。因为受到曹丕的排挤和侮辱，他深知权力的重要性；等到曹丕死后，机会来了，他攀附曹爽，拥抱权力，为所欲为，其人生随之下沉，以致不能善终。

二 王弼

王弼（226—249），字辅嗣，三国魏山阳（今河南焦作）人。其祖父王凯是三国时刘表的女婿，文学家王粲的堂兄弟。其父王业，过继给王粲。王粲曾得到东汉大文豪蔡邕的器重，蔡邕临终前将自己的毕生藏书赠予王粲；王粲过世后，这批藏书归属王业。故而，王弼的成长成才离不开优越的读书条件和良好的家族环境。

王弼与何晏相似，儒学与玄学并重，他对儒学中的《周易》和玄学中的《老子》尤其深造有得，著有《周易注》《老子注》等，这一类著述已经成为中国古代哲学史上的权威注本。他对经典的注释，内含着他的哲学观念，对后世产生较大影响。

王弼是一位早熟的学者，可惜英年早逝，去世时年仅二十四岁。

1 何晏为吏部尚书①，有位望，时谈客盈坐。王弼未弱冠②，往见之。晏闻弼名，因条③向者胜理④语弼曰："此理仆⑤以为极⑥，可得复难不⑦？"弼便作难⑧，一坐人便以为屈⑨。于是，弼自为客主⑩数番，皆一坐所不及。（文学6）

释义

①吏部尚书：职官名，负责选拔、任用官员。

②弱冠：代指二十岁（古代男子，二十岁行冠礼，表示成人）。

③条：本指"条理"，此处用作动词，意谓将某人论辩的理据逐条复述出来。

④胜理：指辩论中胜出的一方所使用的理据。

⑤仆：表示自谦的第一人称。

⑥极：此处特指某人的辩论水平已经达到了极致，暗示难以超越。

⑦复难（nàn）：指再次发起辩难。不：通"否"。

⑧作难（nàn）：指正式发起驳难。

⑨屈：服输，转义为"佩服"。

⑩自为客主：指一个人身兼辩论的正反双方，一方为主，一方为客。

释读

正始年间，何晏出任吏部尚书，地位和声望都很高。何晏又是一位著名的谈玄高手，于是，当时的一批谈客围绕在他的身边，经常出现高朋满座的场面。王弼那时还未满二十岁，前往何府拜见。何晏早已知道年纪轻轻的王弼有一定的名声，刚刚结束了一场精彩的辩论，何晏就将胜出一方的理据逐条向王弼复述，并说："我以为这样的论辩精彩绝伦。你可否从头开始再来驳难一次呢？"王弼接过话头，随即发起辩难，条分缕析，见解精到，满座的人无不佩服。随后，王弼一人身兼辩论的正反双方，难度更高，可一路下来，精彩纷呈，胜义迭出；而且，辩论的套路并不单一，而是有数番之多，可谓挑战论辩的极限，让所有在座的人自认不及。

在这一个清谈的场面里，临时加入的王弼是最抢眼的亮点。年纪轻轻，舌战群儒。他似乎没有准备，可话题一来，马上进入状态；尤其是在高难度的论辩中奇峰突起，披荆斩棘，雄辩滔滔。而到了"自为客主"的环节，简直是在挑战极限，一轮又一轮，不出纰漏，严谨缜密，令人惊叹不已。

其实，何晏是在暗中考验王弼，在满座高手面前，给予王弼一个难得的机会，得以大显身手。当然，何晏也不无诡谲的心思，试想，初次见面，并不知道王弼的根底，竟让这位未满二十岁的年轻人一下子就参与高峰论坛，着实是给王弼出了极大的难题。

王弼是早熟的思想家，在众多比他年长的人面前毫不胆怯，凭着自己的实力，尽情表演了一番，精彩地诠释了"后生可畏"这个词。

2▷ 王辅嗣弱冠诣①裴徽②，徽问曰："夫无③者，诚万物之所资④，圣人莫肯⑤致言，而老子申之⑥无已，何邪？"弼曰："圣人体无，无又不可以训⑦，故言必及有⑧；老、庄未免于有，恒训其所不足。"（文学8）

‖ 释义

①诣：到，旧时特指到尊长那里去。

②裴徽：三国魏大臣，曾任吏部郎、冀州刺史等职，又是当时知名的玄学家。他的儿子裴楷、侄子裴秀均为西晋早期的清谈家。

③无：中国哲学术语，指天地万物的运行规律，与"有"相对待。"有"是看得见的，是物质形态；"无"是看不见的，是非物质形态，但不是"没有"。

④万物之所资：万物赖以运行的法则。

⑤莫肯：没有一个肯（发表关于"无"的言说）。此处的"圣人"或以为特指孔子，但据语气和"莫"字的使用，应是指复数的"圣人"，比如孔、孟。

⑥申之：此处指阐释"无"的价值。申，说明，阐释。

⑦训：解释词义。

⑧有：中国哲学术语，指可以看得见的天地万物，即客观世界。

‖ 释读

王弼二十岁时去拜访裴徽，裴徽跟他讨论"无"与"有"的玄学问题："所谓'无'，本是万事万物赖以存在的依据，可圣人都不愿意就此发表见解；老子却不厌其烦地阐释'无'，是什么原因呢？"王弼回答道："圣人是能够体察领悟到'无'的，但'无'过于抽象，不可以诉诸语言，所以圣人以具象化的'有'来帮助阐释。老子和庄子也不会看不到具象化的'有'，只是他们常常补充和揭示'有'所阐释不到的意义。"

裴徽是王弼父亲王业的同僚。王业做尚书郎，裴徽是吏部郎。有了这重关系，已经二十岁的王弼去见裴徽，就不会显得突兀。这时的王弼，学问水平已经相当高，作为清谈家的裴徽自然觉得是棋逢对手，于是抛出一个玄学领域的难题来问王弼。

《老子》第四十章明确指出："天下之物生于有，有生于无。"今传王弼注《老子》，写道："天下之物，皆以有为生；有之所始，以无为本。"换言之，王弼认为具有蓬勃生机的"天下之物"的表现形态就是"有"，而天下万物之所以一一产生，是依赖看不见、摸不着的"无"，即事物运行的规律才能实现，这才是本源。比如，春种秋收，年复一年，这就是农业的运行法则，它是非物质形态的。在王弼看来，"有"属于物质形态；"无"属于非物质形态，但不等于没有或不存在。"有"和"无"处于不同的存在的层面上，二者是相辅相成的，并不矛盾。就哲学而言，"有"属于存在的表层结构，"无"属于存在的深层结构；前者类似于硬件，后者类似于软件。只有认识到"有"与"无"的关系，才能够全面深刻地认知世界。

这一则文字里的"老、庄未免于有，恒训其所不足"，揭示出一个古代思想发展史上的新现象：在正始年间，像王弼这样的思想家意识到老子、庄子（尤其是老子）偏于言说天下万物的运行规律（即"无"），而儒家偏于言说世俗社会的种种现象（即"有"），认为前者是对后者的重要补足。这就开了后世"儒道互补"论的先河。

或许从这个故事可以推测为什么何晏会特别佩服王弼的《老子注》。王弼的注，以及他回答裴徽的话，都反映出他不是以"老"解"老"，而是将儒家（以孔孟为代表）与道家（以老庄为代表）联系起来思考，发现二者的互补关系。须知，王弼与何晏均为儒学修养很深的学者（都注释过儒家经典），可在发现儒道互补的认识问题上，王弼是领先一步的。

王弼在《世说新语》里的故事不多，这与他过早去世有关。在魏晋时期，他与何晏齐名，常见"王何"并称，王弼居前。在哲学史上，王弼的影响要大于何晏。

王弼有此成就，除了天分之外，还要充分留意他的成长环境。他的父亲王业，承继了东汉大学问家蔡邕的藏书，这对于王弼的学问的养成极为有利。王弼与玄学名家何晏、裴徽等生活在同一时代，相互的切磋和启发，对尚处于年少阶段的王弼而言，也是促使他思想早熟的一个不可忽视的因素。

《三国志·魏书·钟会传》附有王弼的简要小传，说"（王）弼好论儒道，辞才逸辩，注《易》及《老子》，为尚书郎，年二十余卒"。其中，"好论儒道"四字可圈可点，这是王弼治学的特点，即没有将儒家和道家各自孤立起来，而是发现二者之间的区别与联系，尤其是从儒家经典《周易》与道家经典《老子》之间寻找二者的相关性，这是他注释《周易》和《老子》的重要收获。他能够得出"老、庄未免于有，恒训其所不足"的认识，与此有关。他没有将"无"与"有"对立起来，比当时各执一端的学者要高明很多。

裴松之于王弼小传之后加注释，说王弼进入仕途做官，其行政能力较差，而且又不大用心。他有性格缺陷，"颇以所长笑人"，即为人骄傲，自以为玄学是其所长，不把他人放在眼里。所以，他的人缘相当不好。

王弼年寿不永，很可惜；他表现出虚骄之气，很不智。儒家有"满招损，谦受益"（《尚书·大禹谟》）的名句；《周易》第十五卦为谦卦，王弼自己注释过的，不会不懂"谦：亨，君子有终"的意思。这位很有哲学智慧的年轻人却"颇以所长笑人",这也说明知固不易,行则更难。

三 夏侯玄

夏侯玄（209—254），字太初（亦作"泰初"），三国魏沛国谯县（今安徽亳州）人。三国时征南大将军夏侯尚之子，大将军曹爽的表弟。在魏齐王曹芳继位后参与军国要事，是曹爽的心腹之一。

在司马师掌权时期，夏侯玄卷入凶险的政治旋涡，被处死刑，终年四十六岁。

夏侯玄仪表出众，博学多识，著有《乐毅论》等。与何晏交好，是魏晋玄学的奠基人之一。

1〉夏侯泰初与广陵①陈本②善。本与玄在本母前宴饮，本弟骞③行还④，径入，至堂户⑤。泰初因起曰："可得同，不可得而杂⑥。"（方正7）

▌ 释义

①广陵：古郡名，其治所在今江苏扬州。

②陈本：三国魏临淮东阳（古代属于广陵郡，今安徽天长）人，历任郡守、九卿等职。

③骞：陈骞，陈本的弟弟。三国魏临淮东阳人，历任尚书郎、安平太守、大司马等职。晋武帝司马炎掌权后，陈骞深得司马炎的信任和重用，位极人臣，并享高寿（享年八十一岁）。

④行还：外出还家。

⑤堂户：客厅门口。

⑥可得同，不可得而杂：与自己相得的人在一起，是自然的；跟不能相得的人凑在一起，是不可以的。得，指相得，关系融洽。杂，指混杂，此处指勉强凑在一起。

▌ 释读

夏侯玄和广陵的陈本交情甚好。一次，夏侯玄造访陈家，与陈本在陈母面前一同喝酒。刚好陈本弟弟陈骞外出返家，直奔里屋，来至客厅门口。夏侯玄随即站起来告辞："与自己相得的人在一起，是自然的；跟不能相得的人凑在一起，是不可以的。"

夏侯玄的孤傲性格使得他在择友方面十分严苛。据史料记载，陈骞其人，心思很多，为人滑稽。其兄陈本，颇识大体，处事严谨。这是夏侯玄喜欢陈本、讨厌陈骞的原因。

夏侯玄是懂得礼仪的人，可他在陈本的母亲也在场的情形之下突兀地起身而去，说明他对陈骞已经厌恶到极点（陈骞终其一生，是司马氏父子的红人，这或许是夏侯玄早就看在眼里的）。夏侯玄的性格除了孤傲，还相当峻刻。

2 > 夏侯太初尝倚柱作书①。时大雨，霹雳破所倚柱，衣服焦然②，神色无变，书亦如故。宾客左右，皆跌荡③不得住④。

（雅量3）

‖ **释义**

①作书：此处指（在墙壁上）题字，"书"字用作名词。下文的"书亦如故"的"书"，也是指题字（书写），用作动词。

②焦然：烧焦了的样子。

③跌荡：此处指众人失魂落魄、东倒西歪的样子。

④不得住：指众人心惊胆战、难以平复的样子。

‖ **释读**

夏侯玄有一次背靠廊柱在墙壁上题字。当时，大雨倾盆，电闪雷鸣，那柱子遭受电击而破损，夏侯玄的衣服也被电火烧焦，可他神色泰然，面不改色，继续题字。身边众宾客却心惊胆战、东倒西歪、难以平复。

在这里，夏侯玄与众宾客形成鲜明对比，前者遇事不慌，镇定自若，视如平常；而后者则惊恐万状，纷纷失态，有如大难临头。可见心理素质差别很大。

在正始名士中，心理素质比较过硬的首推夏侯玄。这对日后的"魏晋风度"产生重要影响。"魏晋风度"的内涵之一就是遇事不慌，处变不惊，镇定自若，毫不失态。在这一方面，我们读嵇康、谢安等人的故事将会有更深的认识。

3 > 魏明帝使后弟①毛曾②与夏侯玄共坐，时人谓"蒹葭③倚玉树④"。（容止3）

|| **释义**

①后弟：皇后的弟弟。

②毛曾：魏明帝毛皇后的弟弟。曾任驸马都尉、散骑常侍等职。

③蒹葭：芦苇。

④玉树：传说中的仙树，用以比喻人姿容出众、坚挺不拔。

|| **释读**

魏明帝曹叡安排夏侯玄与皇后弟弟毛曾挨着坐，当时就有人评议说：这简直是"芦苇傍玉树"。

曹魏时期，常用的坐具是床（当时尚无椅子之类的坐具）。两人同坐在床上，就是共坐。可以想见，这是一个非正式场合，有些私人性质，魏明帝态度比较随意，才会让二人共坐。

可在外人看来，就觉得有些不可思议：二人的气质相差太大，坐到一起，很不般配，于是用"芦苇傍玉树"做比喻。芦苇随风摇摆不定，而玉树临风坚挺不拔。一贬一褒，正说明人们对毛曾和夏侯玄的评价迥异。据史书记载，夏侯玄鄙视毛曾仰仗皇后而气焰嚣张，不给他好脸色，惹得魏明帝不高兴，被降职了。

4 > 夏侯玄既被桎梏①，时钟毓②为廷尉③，钟会④先不与玄相知，因便狎⑤之。玄曰："虽复刑余之人⑥，未敢闻命！"考掠⑦初无⑧一言，临刑东市⑨，颜色⑩不异。（方正6）

释义

①桎梏（zhì gù）：桎，脚镣；梏，木制的手铐；此处活用为动词。

②钟毓（yù）：魏太傅钟繇（yóu）的长子。历任廷尉、刺史、都督等职。

③廷尉：掌管刑狱的官员。

④钟会：魏太傅钟繇的少子，钟毓的弟弟。

⑤狎（xiá）：戏弄。

⑥刑余之人：受过刑的人。

⑦考掠：拷打。

⑧初无：魏晋时，"初"与否定词连用，如"初无"表示"全无""都无"。

⑨东市：汉代的长安东市，是处决死刑犯的所在地，代指刑场。

⑩颜色：脸色。

释读

夏侯玄被收捕，戴上脚镣和手铐，当时，担任廷尉、负责刑狱的是钟毓。钟毓的弟弟钟会本来跟夏侯玄没有交情，趁着夏侯玄落难，当面戏弄他。夏侯玄见状，说："我虽然现在成了受过刑的人，但你要戏弄我，没门儿！"他遭受拷打，始终不吭一声，不发一言；绑赴刑场，脸色不改。

此事发生在曹爽、何晏等人被司马懿杀害之后。尽管夏侯玄与曹、何等人结为同党，但司马懿没有杀他。据《三国志·魏书·夏侯玄传》记载，夏侯玄与司马懿有一定的交往，在为政问题上，司马懿多次征询过夏侯玄的意见。司马懿死后，其子司马师掌握实权。夏侯玄卷入"中书令李丰谋反案"（史称李丰出于捍卫曹魏政权的立场，斥责司马氏"父子怀奸，将倾社稷"），司马师立杀李丰，也处夏侯玄死刑。

钟毓在曹爽得势的时候却颇为失意，受到曹爽的排挤。夏侯玄作为曹爽的同党，也曾十分风光。出于政治小团体之间的成见或积怨，钟毓的弟弟钟会乐得看见夏侯玄落得悲惨下场，故而有意戏弄，落井下石。有史料说，年少于夏侯玄的钟会，曾经想结交夏侯玄，但遭到拒绝；钟会实施报复，也是可能的。夏侯玄与曹魏宗室关系密切，又是玄学名家，根本不会将钟会放在眼里，也不会屈服于司马师的淫威，其孤傲、冷峻的举止表露出极大的蔑视和无声的抗辩。

5 时人①目夏侯太初"朗朗如日月之入怀"，李安国②"颓唐③如玉山之将崩"。（容止4）

|| **释义**

①时人：同时代的人。

②李安国：曹魏大臣李丰，字安国。他因不满司马氏掌权，后被司马师杀害。死后抄家，家里没有多余的东西。

③颓唐：本指萎靡不振。据史书记载，李丰在朝廷做官时，"常多托疾"，即装病数十天，然后又装病好了，反反复复，持续了几年时间；原来，朝廷有规定，如果请病假过一百天，就取消俸禄。故而，李丰装病以不超过一百天为限。（《三国志·魏书·夏侯玄传》裴松之注引《魏氏春秋》）

‖ **释读**

同时代的人品评夏侯玄"为人磊落光明，如日月入怀"；而给李丰的评语是"装出病态如玉山快要倒塌的样子"。

李丰痛恨司马氏篡夺曹魏政权，终于被司马师杀害了。史书记载他长年装病，或许就与他的政治立场有关。故而，当时的人说他"颓唐"，有点客观描述的意味，未必是贬义，何况李丰是有名的清官。他与夏侯玄都死于司马师的淫威之下，二人并提，从语境看，上述评语只是强调二人的性格差异：夏侯玄不装，而李丰很会装。

称夏侯玄为玉树（见上一条），称李丰为玉山，评价都不低。

6 ▷ 裴令公①目夏侯太初："肃肃②如入廊庙③中，不修敬而人自敬④。"一曰："如入宗庙⑤，琅琅⑥但见礼乐器。见钟士季，如观武库⑦，但睹矛戟。见傅兰硕，汪廧⑧靡所不有。见山巨源，如登山临下，幽然深远。"（赏誉8）

‖ **释义**

①裴令公：即裴楷。他是夏侯玄、钟会（字士季）、傅嘏（字兰硕）、山涛（字巨源）诸人的晚辈。是西晋早期著名的玄学家，以"清通"著称。

②肃肃：形容严正凛然的样子。

③廊庙：代指朝廷。

④不修敬而人自敬：意谓不需提示也会肃然起敬。修，此处指"使人做什么"。

⑤宗庙：天子祭祀先祖的庙堂。

⑥琅琅：本指金石相击的声音，此处借指礼器琳琅满目，乐器清越庄严，纹丝不乱。

⑦武库：存放兵器的库房。

⑧汪廧（qiáng）：汪，原作"江"，学界多认为是"汪"字之误，今改。"汪廧"二字连用，通"汪洋"。

‖ 释读

裴楷评论自己眼中的夏侯玄说："此公肃穆端庄，一如步入朝廷，不由得令人顿时肃然起敬。"此外，还有一种说法："（见到夏侯玄）如入天子祭祀祖先的庙堂，礼器琳琅满目，乐器清越庄严，纹丝不乱。见到钟会，如进存放兵器的库房，满眼是刀矛剑戟。见到傅嘏，如面对汪洋大海，气象开阔，无所不有。见到山涛，如登上山顶，俯视山下，觉得幽远深邃。"

这是魏晋时期品评人物的一种方式。像裴楷这样的评点语言富于形象和韵味，显示出不同人物的性格特质。换言之，这是以比喻为修辞手段的人物鉴定，很独特，也反映出评点者的人格审美情趣。

夏侯玄是一位复杂而有争议的人物。

曾几何时，夏侯玄与何晏等人请求结交当时的名流傅嘏，遭到拒绝，傅嘏称他们"利口覆国"，是"败德之人"。

夏侯玄生活在曹魏政权由弱转衰的节点上，他与何晏一样，攀附曹爽，但程度有别。从《三国志·魏书·夏侯玄传》看，夏侯玄有一定的政治见识，司马懿喜欢跟他交换看法，或征询他的意见，这方面的内容占了《夏侯玄传》的大部分篇幅，不能不引起我们的关注。当司马懿杀曹爽、何晏时，他显然是放过了与曹、何结党的夏侯玄，可见是区别对待。虽然夏侯玄也死于非命，但杀害他的已经不是司马懿，而是司马懿死后继而掌权的司马师。在历史上，这件事与"李丰案"密切相关。如果说，曹爽、何晏死于司马懿的暗中反扑，那么，夏侯玄则是死于司马师的公然镇压，情势前后不同，性质也相异。

《三国志》中的《夏侯玄传》说他"格量弘济"，即称扬他气度宏大，格局不小；也表彰他"临斩东市，颜色不变，举动自若"。可见，与他同时代的人，以及身为晋朝历史学家的陈寿，都给予他不错的人物鉴定。

《世说新语》所收录的夏侯玄的几则故事，相当正面，评价之高，在全书也是少见的。这就与傅嘏的判定极为不同，甚至是相反的。这是一个值得研讨的现象。不管如何，《世说新语》的编写者显然对他有所偏爱。

夏侯玄不无缺点，但其玉树临风的外形、刚正孤傲的气质、处变不惊的素质，成为"魏晋风度"的一个标本。

竹林七贤（曹魏末期至西晋前期）

　　所谓"竹林七贤"，是指七位生活于曹魏末期的名士（若干人物进入了西晋前期），他们都目睹了曹魏政权的由弱转衰以至灭亡，也经历了司马氏父子由篡夺政权到改朝换代的过程。就后一点而言，他们比起正始名士来所见到的历史变化要大得多，处境也复杂得多。

　　这些人，本来是曹魏时代的臣民，程度不同地与曹魏政权有着难以解开的利益关联，换言之，他们的命运在某种程度上与曹魏当局的命运结为共同体，按说，是一荣俱荣，一损俱损；可是，他们出于不大一致的人际交往和处世策略，与司马氏父子的关系各个不一，日子也过得不完全一样。不过，有一条是避不开的，即他们人生的前半程均与司马氏同属曹魏集团，后半程都是司马氏眼皮底下的臣民。

　　他们活着，比起正始名士来更伤脑筋。后者在世时可以选边站，比如，站到代表曹魏政权的、尚且处于强势的曹爽一边，鄙视蠢蠢欲动的、尚然处于守势的司马氏父子，就算死了，也死

得干脆，何晏死于司马懿之手，夏侯玄死于司马师之手，也是一了百了。可是，"竹林七贤"生活在司马氏的眼皮底下，就难以如此干脆，他们已经没有可以依靠的曹爽，只能面对司马氏的耀武扬威；他们内心还相当依恋曹魏集团，可是这集团已经灰飞烟灭，无所凭吊；他们几乎本能地厌恶、憎恨阴险毒辣的司马氏父子，可是人家已经君临天下了，还能够对他们怎么样？要命的是，他们自己还要活下去，还要养儿育女，还要赡养老人，怎么办？

于是，就"魏晋风度"而言，他们命中注定要给风度注入更多的花样，更复杂的情感，更隐晦的身体语言。他们身上所展现的是正始名士所开创的个性化风度的升级版。

这七位名士是：阮籍、嵇康、山涛、向秀、刘伶、阮咸、王戎。《世说新语·任诞》第一则说"七人常集于竹林之下"；《水经注》卷九"清水篇"记载，阮籍等七人"同居山阳（今河南焦作山阳区），结自得之游，时人号之为竹林七贤"。这些都是"竹林七贤"名号的出处。

顺带说一句，"七贤"是可以落实的，可"竹林"是实景还是虚语，学术界看法不一。有人认为，并无实景，只是虚语，如陈寅恪先生认为，先有"七贤"而后有"竹林"；"七贤"取《论语》"作者七人"之遗意，是中国的，而"竹林"二字是后人追加的，取的是"天竺竹林"之名，是外来的（见陈寅恪《魏晋南北朝史讲演录》，贵州人民出版社，2011年，第43页）。姑备一说，以资谈助。

《论语·宪问》记孔子语："贤者辟世，其次辟地，其次辟色，其次辟言。""辟"字通"避"。孔子还说："作者七人矣。"意谓"作者"（做到了的人）也仅有七位古贤而已。那些人做到避开了浊世，避开了险境，避开了阴险脸色，避开了恶言恶语。据说，孔子心目中的"作者七人"是伯夷、叔齐、虞仲、夷逸、朱张、柳下惠、鲁少连（这可能是后人的附会，《论语》里没有记载）。相比较而言，"竹林七贤"大多各有各的避的行为，但是，他们跟不食人间烟火的古贤不完全相同，他们是喜欢人间烟火的，没有脱离世俗，甚至活得很世俗，所以，此"七贤"与彼"七人"有着明显的区别。

"竹林七贤"的俗，是人格化的，有时甚至是政治化的，我们一定要紧贴着他们的特殊处境和独特心性来理解。正是俗，才显得他们是脚踏实地的活人，而不是世外的隐士。更不能忽视的是，他们的俗的背后或许还隐藏着某种反抗意志的血性，还闪耀着令世人追慕的人格审美之光。

这才是说不尽的"竹林七贤"。

一 阮籍

阮籍（210—263），字嗣宗，三国魏陈留尉氏（今属河南）人。其父阮瑀，是"建安七子"之一，著名学者蔡邕的弟子，也是曹操身边的重要写手，深得重用，曹操的军国文书，不少出自阮瑀之手。受其父的影响，阮籍在学问与文学等方面均有专长。他对老庄深有研究，著有《通老论》《达庄论》；他是一位成就颇高的诗人，代表作有五言体《咏怀》八十二首。他还是建安时期以来着力创作五言诗的文学家，对五言诗的成熟与发展做出重要贡献。他的散文《大人先生传》寄意遥深，脍炙人口。传世著作有《阮步兵集》。

阮籍是一位很有个性的人物，本来，他对于自己喜欢的人用"青眼"，对不喜欢的人用"白眼"，爱憎分明。可是，自从司马氏掌权以后，他性情大变，喜怒不形于色，绝口不说他人是非，不议论当朝政治，经常以醉酒的姿态应世。其内心十分复杂，他写的《咏怀》诗，隐晦之处不少，可谓索解不易。

阮籍的父亲是曹操的文胆之一，他本人在魏

高贵乡公曹髦在位时，受封关内侯，任散骑常侍。阮氏父子同受曹魏政权的俸禄，对曹魏的感情是比较深的。阮籍对于司马氏父子篡夺权力，并非没有立场和看法，但是，很刻意地隐藏了起来。更为奇特的是，在司马师死后，他跟继而掌权的司马昭保持着"不错"的关系，甚至当阮籍被人恶意攻击时，是司马昭替他说话、帮他解围。而他也似乎无所谓地在司马昭身边我行我素。他是当时的名士，具有一定的示范性；他在司马昭的眼皮底下没有妄议朝政，大概司马昭看中的主要是这一点。当然，曾几何时，二人同属曹魏集团，他与司马昭的交情并非没有。

很难说，阮籍内心对于司马昭不是在依违之间。"依"是人生策略，"违"是内心真实。所以，阮籍绝不是一位可以一言以蔽之的人物。

1▷阮步兵①啸②，闻数百步。苏门山③中，忽有真人④，樵伐者⑤咸共传说。阮籍往观，见其人拥膝⑥岩侧。籍登岭就之，箕踞⑦相对。籍商略终古⑧，上陈黄、农⑨玄寂⑩之道，下考三代盛德之美⑪，以问之，仡然⑫不应。复叙有为之教⑬，栖神导气之术⑭以观之，彼犹如前，凝瞩不转⑮。籍因对之长啸。良久，乃笑曰："可更作⑯。"籍复啸。意尽，退，还半岭许，闻上嗒然⑰有声，如数部鼓吹⑱，林谷传响。顾⑲看，乃向人啸也。（栖逸1）

‖ 释义

①阮步兵：阮籍曾做步兵校尉，故称。

②啸：古人将"动唇有曲，发口成音；音均不恒，曲无定制"（西晋成公绥《啸赋》）的音乐样式称为啸，有些类似于今人的口哨音乐，而融乐感与口技为一体。讲究随意尽兴，兴起而发，兴尽而止；自由放达，高低随宜，不拘一格。

③苏门山：在今河南辉县。

④真人：道教所说修行得道的人，多用作称号。

⑤樵伐者：樵夫。

⑥拥膝：双手抱膝。暗示是"箕踞"的坐姿。

⑦箕踞：叉开腿坐在地上，双膝耸起（自然会有双手抱膝的状态）。汉代的袴，有不合裆的，如果采取箕踞的坐姿，有"露丑"之嫌；就算穿的是合裆的袴，其坐姿与正式的跪坐也差别很大，被视为失礼。（参阅孙机著《汉代物质文化资料图说》，上海古籍出版社，2008年，第273—275页）阮籍喜欢箕踞的坐姿，是不拘礼节的表现。

⑧商略终古：叙述、评议上古时代的人和事。商，意为商量、评议。略，意为简要叙述。终古，即远古。

⑨黄、农：传说中的远古帝王黄帝、神农。

⑩玄寂：玄远幽寂。古代"黄老"并称，道家将自己所说的玄远幽寂之道嫁接到黄帝等远古帝王的头上。

⑪三代盛德之美：指夏、商、周三代的德政之美。

⑫仡（yì）然：昂起头的样子。

⑬有为之教：有为，指积极入世，这是儒家倡导的人生态度。"有为之教"，此处指"儒教"。

⑭栖神导气之术：道家术语，指凝聚心神、导引气息的修

炼方式。

⑮凝瞩不转：目不转睛。

⑯更作：再来一遍。此处指重新吹啸一次。

⑰嘈（qiú）然：形容啸声悠然长远。一说同"啾"（jiū），形容声音众多。

⑱数部鼓吹：指多种鼓吹乐器在合奏。鼓吹，是鼓乐和吹奏乐的合称。

⑲顾：回过头。

释读

阮籍是吹啸高手，其声音可以传至数百步那么远。在河南，有一座苏门山，忽然有传闻说来了一位真人，进山砍柴的樵夫都纷纷互传。阮籍得知后上山探视，远远望见那位真人在岩石旁双手抱膝而坐；于是，继续登山，走近真人，阮籍跟他相对而坐，都采用箕踞的坐姿。阮籍叙述、评议上古时代的人和事，诸如黄帝、神农的玄远幽寂之道，以及夏、商、周三代的德政之美，然后征求真人的看法，真人昂首望天，没有回应。阮籍又谈论儒家积极入世的有为之教，以及凝聚心神、导引气息的道家修炼方式，观看真人有何反应，真人一如刚才那样，抬头远视，目不转睛。阮籍见状，转而不再说话，面对着真人吹起长啸来了；吹了好长一段时间，只听见真人笑着说："可否再来一遍？"阮籍于是重来一次，意兴已尽，离别真人下山而去。下到半山腰，忽听得山上响起了阵阵乐音，音色多样，颇为丰富，好像有多种鼓吹乐器在合奏，音乐在山林和溪谷之间回荡。回过头仰望，原来就是那位真人在吹啸呢。

这位真人，刘孝标在注释里说世人称之为"苏门先生"；又引用《竹林七贤论》的说法，阮籍离开苏门先生回家，就写出了《大人先生论》（疑为《大人先生传》之误）。

　　检阅《大人先生传》，可知此文是阐释老庄思想的，尤其有《庄子》的文风，其中所说的"大人先生"，其特点是"与造物同体，天地并生，逍遥浮世，与道俱成"，指出"保身修性，故能长久"。换言之，阮籍精研老庄思想，其内心有着超越世俗的追求，"逍遥浮世，与道俱成"是他对人生真谛的认知。

　　这一则文字，展示的是阮籍自由放达的性格侧面。

　　为什么真人对于阮籍的前后两番言辞毫无反应，而对阮籍的啸大为欣赏呢？按说，以阮籍的学问、口才，他的这两番言论不会不精辟，可真人就是把他的一套又一套的话语当作耳边风，弄得阮籍很无趣，也觉得自己跟真人无法沟通。他似是不经意地吹起啸来，自我解嘲一下，不至于使自己在冷清、尴尬的境地里灰溜溜地走人。可是，意想不到的效果来了，真人大感兴趣，开金口说话："可否再来一遍？"而且笑容可掬，期待着自己重新表演。阮籍当时可能还不大明白真人的用意，吹完啸也就下山而去了。可万万没想到，自己一步一步往下走的时候，头顶上响起了更好听的啸，音色丰富，奔放自由，响彻山林、溪谷。阮籍这才知道那真是一位高人。他为什么不在阮籍尚未离开时表演呢？如果在阮籍面前吹啸，就会当场分出个高低，这就不符合道家的思想了。道家讲"齐物"，不分长短、高低、优劣，这一切视同"齐一"，说不定真人还要顾及一下阮籍的面子。何以真人要用啸来作为与阮籍沟通的语言呢？原来，古人有一种说法，"言浊而啸清，以清为尊，以浊为卑"（唐孙广《啸旨·序》）。再联系魏晋时期有"言不尽意"（语言的表现力是有限的，人的意义世界却是无穷的）的说法，干脆以自由奔放、不拘一格的啸来沟通超越世俗的心灵。

说不定阮籍在下山时一边听一边领悟，于是，别有会心，回家写出了《大人先生传》。所以，《竹林七贤论》说苏门先生与阮籍"长啸相和"，是一对好知音。

附带说一下，唐孙广撰写的《啸旨》有"苏门章"和"阮氏逸韵章"，就是为了纪念苏门先生和阮籍的。而西晋成公绥的《啸赋》说"发妙声于丹唇，激哀音于皓齿；曲既终而响绝，遗余玩而未已"，更能阐释啸的特殊魅力。

2▷ 王戎弱冠诣阮籍，时刘公荣①在坐。阮谓王曰："偶有二斗美酒，当与君共饮。彼公荣者，无预②焉。"二人交觞酬酢③，公荣遂④不得一杯，而言语谈戏，三人无异。或有问之者，阮答曰："胜公荣者，不得不与饮酒；不如公荣者，不可不与饮酒；唯公荣，可不与饮酒。"（简傲2）

‖ **释义**

①刘公荣：即刘昶，字公荣，魏沛国（今属安徽）人，官至兖州刺史。是阮籍好友。

②预：参与，参加。

③交觞（shāng）酬酢（zuò）：交觞，即碰杯之类的举动。觞，盛酒的器皿。酬酢，意为相互敬酒。向客人敬酒为"酬"，回敬主人为"酢"。

④遂：竟然，始终。

▌ 释读

王戎二十岁的时候去拜访阮籍，此时刘公荣也在座。阮籍对王戎说："你来得正好，刚到手了二斗美酒，正要和你分享。那一位公荣没份儿。"于是，阮、王二人频频碰杯，相互敬酒，酣饮起来，坐在一旁的刘公荣始终不得一杯。而言语交谈，三人都参与了，没有出现异样。有人事后问阮籍何以会这样，阮籍答道："比公荣强的人，不得不跟他一起饮酒；不如公荣的人，也不可不跟他一起饮酒；唯有公荣本人，可以不跟他一起饮酒。"

阮籍很喜欢王戎，二人相差二十多岁，可他们俩相处得有如平辈，不分老少，可说是忘年交。这个故事说得很清楚，王戎二十岁了；他生于魏明帝青龙二年（234），阮籍生于汉献帝建安十五年（210），此时大概是公元253—254年，阮籍已经四十多岁了。司马师死于魏高贵乡公正元二年（255），所以，这一次喝酒，估计还是在司马师掌权之时。

阮籍为曹魏政权做事，跟王戎的父亲王浑是同僚，都做尚书郎。可阮籍跟王浑的儿子更谈得来，曾经不客气地对王浑说："与卿语，不如与阿戎语。"（刘孝标注引《竹林七贤论》）魏晋名士在交往方面十分考究"话缘"，是否谈得来很重要，至于年龄的差别可以忽略不计。他们格外重视谈论，其雅号叫作"清谈"。

我们不知道阮、王、刘坐在一起是否在清谈，但可以肯定的是，阮、王在喝酒，而刘一人在干坐。奇怪的是，刘毫不介怀，在谈话时，他也有份，三个人竟然一点都不觉得尴尬。

这个场面传开了，当时的人十分难以理解，才会有好事者要问个明白。而阮籍也一本正经地回答了，不知那位好事者听懂了没有，反正今天的读者，如果不找点资料，还真的只是听了一段绕口令而不明所以。

其实，阮籍说的那番话的版权原来是属于刘公荣的，这才是奥妙所在。《世说新语》任诞门记载了一个故事，说刘公荣跟谁都能喝酒，哪怕是三教九流的人，都无所谓，有人讥笑他太不讲究身份了，刘回答道："胜公荣者，不可不与饮；不如公荣者，亦不可不与饮；是公荣辈者，又不可不与饮。"话题是从"杂秽非类"（即与不三不四的人混在一起）引发的，所以，这里所说的"胜公荣者""不如公荣者"之类的话指的是社会地位，刘公荣一视同仁，没有分别，这与他作为通士的性格有关，《庄子·齐物论》将生与死、贵与贱、荣与辱等视为"齐一"而毫无区别，刘公荣无非是践行庄子的主张而已。阮籍是刘公荣的好友，深知朋友的个性，趁着王戎到来，跟刘公荣开个玩笑：老兄你如此通达，喝与不喝不都是一样的吗？刘公荣自然知道，也就继续践行庄子哲学，不喝即是喝，喝即是不喝，算是扯平了。

话说回来，刘公荣和阮籍一样，都是"酒鬼"，以终日喝酒为乐。看着阮、王喝酒，刘只能暗自咽口水了。所以，阮籍在回答好事者的问题时，是故意改动了刘公荣的原话的。

"唯公荣，可不与饮酒"，阮籍说这话的时候，估计是不怕传到刘公荣的耳朵里的，因为他知道刘公荣在老庄哲学方面的修为。而阮与刘是心灵相通的，桥梁就是老庄思想。

阮与刘的关系，阮籍的幽默搞怪，尽在不言中。这也是"魏晋风度"。

3> 阮籍嫂尝①还家，籍见与别。或②讥之，籍曰："礼③岂当为我辈设也？"（任诞7）

释义

①尝：曾经。

②或：有人。

③礼：礼法。儒家有很多礼教的规范，其中有一条是"嫂叔不通问"（《礼记·曲礼》）。即为了避嫌，叔叔与嫂子之间不能互致问候。

释读

阮籍的嫂子曾有一次回娘家，临走前，阮籍去见嫂子，以示送别。有人得知后，讥笑阮籍不守礼法。阮籍反驳说："礼法岂是为我这类人设定的？"

古代的礼法，要守男女大防。哪怕是嫂子与叔叔，也要避嫌，规定"嫂叔不通问"。但在阮籍看来，既然是一家人，跟嫂子道别，有何不可！一家人有一家人的情感联系，这是自然而然的，为什么要人为地阻隔起来呢？我这类人就是重情重义，凡是与此相违背的规范跟我无关。

阮籍表现出人情至上的情感认知，他厌恶、反感礼法中不合乎人情的、冷漠生硬的规条。

"礼岂为我辈设也"，将"我辈"与其他死守礼法的人区别开来，这是一种自我意识。阮籍，以及"竹林七贤"的其他几位，都有这一自觉认识。这是他们能够聚合在一起的主要原因。

4▷阮公①邻家妇有美色，当垆酤酒②。阮与王安丰③常从妇饮酒，阮醉，便眠其妇侧。夫始殊疑之，伺察，终无他意。

（任诞8）

‖‖ 释义

①阮公：对阮籍的尊称。

②当垆（lú）酤（gū）酒：在酒垆边卖酒。垆，摆放酒瓮的土台子。酤，意为卖酒。

③王安丰：王戎，字濬冲。因封"安丰县侯"，故称。

‖‖ 释读

阮籍邻居有一位美貌少妇，开了小酒家，在酒垆边卖酒。阮籍和王戎常常相约来到少妇的小酒家喝酒。阮籍喝醉，就干脆躺在少妇身边睡着了。少妇的丈夫开始时十分警惕，生怕阮籍有什么不轨的举动。可观察了一段时间，什么事都没发生，于是释然，确认阮籍并无歹念。

刘孝标注引王隐《晋书》（原书已佚）说了另一个同类的故事：阮籍邻居有一位少女，有才有貌，尚未出嫁，却不幸早亡。阮籍跟她没有亲戚关系，少女生前也不认识他。可在少女去世后，阮籍前往其家吊唁，痛哭一场，哀伤不已，哭了很久才离开。

这类故事，似乎在阮籍身上多次发生。不论是对嫂子，还是对邻居少妇、隔壁家少女，阮籍都显露出纯洁的人情，没有非分之想。他尊重女性，哪怕是不认识的，闻知死讯，即亲往哀祭，表达了对女性生命的珍视。

至于喝醉酒躺在邻居少妇身边昏睡，在常人看来当然是很出格的事情。阮籍却不以之为失当，我行我素，有了酒瘾就去喝，喝醉了倒头大睡，酒醒之后就回家，如此而已。这就是阮籍"放诞有傲世情"（《文士传》）的具体表现之一。

阮籍毕竟有一种惊世骇俗的气场，其举止与礼法多有不符，可又在情理之中。

5 > 晋文王①称阮嗣宗至慎②，每与之言，言皆玄远③，未尝臧否④人物。（德行15）

释义

①晋文王：即司马昭，司马懿的第二子，司马师之弟，司马炎之父。司马炎即皇帝位后，追封其父为"晋文王"。

②至慎：极为谨慎。

③玄远：指谈论玄之又玄的话题，多与《老子》《庄子》及《易经》有关。

④臧否（zāng pǐ）：意为褒贬。臧，褒扬之意；否，贬斥之意。

释读

司马昭称赞阮籍，说他做人极为谨慎，每一次跟他聊天，他都讲些玄之又玄的东西，没听他议论过谁是谁非。

阮籍的确有讲论"玄之又玄"的本事，他熟读《老子》《庄子》等书，自己又有独到的见解，这一点，正是正始名士与"竹林七贤"的一种内在关联。所以，他在司马昭面前侃侃而谈，是本色出演，是专家讲授，不是装出来的。

可他的确知道司马昭想套他的口风，正因为如此，他越加谨慎，越要扮演学者的角色，不想跟朝政沾边。大概司马昭细心观察了一段时间，才会得出所谓"至慎"的结论。

司马昭套口风，未必一定是想抓住阮籍什么把柄；更大的可能是，他知道阮籍作为当时一班知识分子的头面人物，自然知道那些人的想法或议论，司马昭好趁此从阮籍的口中收集材料，以备对异己分子采取对策和行动。他本来以为，以自己跟阮籍的交情，阮籍念在私人关系上，多少会爆些料；就算不爆料，也会在不经意间透露些动向。可是，司马昭一次又一次地失望。

阮籍这样的举止，可视为厚道的表现。自己虽然可以在司马昭身边说话，但绝不出卖朋友，更不会卖友求荣。试想，如果阮籍想在司马昭身边求进步，那是容易做到的。但他有自己的底线。

阮籍的"至慎"虽然让司马昭颇为失望，但后者毕竟是政治家，头脑灵活，灵机一动，反而公开称赞阮籍一番。

刘孝标在注释这一则文字时，引用了李康《家诫》（余嘉锡先生指出，"李康"二字有误，当作"李秉"；李秉是司马昭身边的人之一）的记载，提供了一个具体的情景：一次，司马昭与众大臣谈论谁最谨慎，或说张三，或说李四，而司马昭接口说这些人都不及阮籍，"每与之言，言及玄远，而未尝评论时事，臧否人物"。此处，多了"评论时事"四字，可圈可点；可以想见，司马昭是多么希望阮籍开金口说些他更想知道的事情。

阮籍"未尝臧否人物"在当时很出名，或许跟司马昭的公开表彰有关，连阮籍的好朋友嵇康也说："阮嗣宗口不论人过，吾每师之而未能及。"（《与山巨源绝交书》）只不过嵇康学不来、做不到罢了。

6 ▷步兵校尉①缺，厨中有贮酒数百斛②，阮籍乃求为步兵校尉。

　（任诞5）

‖ 释义

①步兵校尉：官职名，东汉时掌管宿卫兵，下有司马一人，领员吏七十三人，兵士七百人。

②斛（hú）：旧量器名，亦是计量单位，一斛本为十斗，后来改为五斗。

‖ 释读

步兵校尉这个职位空缺，阮籍看中其官署的厨房里藏有数百斛酒，于是请求司马昭让他出任步兵校尉。

刘孝标注引《文士传》说，阮籍在司马昭身边，"恒与谈戏，任其所欲，不迫以职事"。换言之，阮籍陪着司马昭聊天、谈笑也可以，不是非要任一个什么职务不可；但是，只要阮籍看上了什么职位，司马昭都会从其所愿。比如，在出任步兵校尉之前，阮籍做过东平太守。事情的经过是，阮籍游览东平这个地方，发现此地土风淳良，提出"愿得为东平太守"，于是，司马昭马上批准。上任后，做了十来天，不知是何原因，不做了。然后，又听说步兵校尉厨房藏了不少酒，提出要做这个官，于是就做上了。

阮籍在司马昭掌权时代，是一个异数，一个特例，这样的待遇几乎是绝无仅有。司马昭对阮籍的好，真是没得说了。

而阮籍的本性是"不乐仕宦"，即不喜欢做官，只是凭着某种兴趣有时也弄一个官来做做，竟然也一一如愿。世人称他"阮步兵"，他的著作题为《阮步兵集》，这一代称似乎是一个具有独特意味的符号，其意味在于：作为一个文士，不可以无官职（需要俸禄），也不必做很大的官（随意即可），倒也令人羡慕。这大概是"阮步兵"的名声在历史上更为人所知的缘由。

可是，现实很严酷，不是谁都可以做"阮步兵梦"的。阮籍之所以是异数，是因为他的身后有司马昭。而司马昭之所以给予如此厚待，是因为他们有私交，但这不是唯一的条件，更为重要的是，阮籍是司马昭相当看重的拉拢对象，是一枚棋子，对自己很有用。

7 > 阮籍遭母丧，在晋文王坐，进酒肉①。司隶②何曾③亦在坐④，曰："明公⑤方以孝治天下，而阮籍以重丧⑥，显于公坐饮酒食肉，宜流⑦之海外，以正风教⑧。"文王曰："嗣宗⑨毁顿⑩如此，君不能共忧之，何谓？且'有疾而饮酒食肉⑪'，固丧礼也！"籍饮啖不辍⑫，神色自若。（任诞2）

‖ **释义**

①进酒肉：进食酒肉。

②司隶：官名，全称"司隶校尉"，负责监察百官。

③何曾：魏陈郡阳夏（今河南太康）人。是司马氏的亲信。在司马氏一系列篡权的关键行动中都充当了重要角色。

④在坐：即在座。坐，通"座"。

⑤明公：敬称，此指司马昭。

⑥重丧：即热孝，指父或母去世。

⑦流：流放。

⑧风教：风俗、礼教的合称。

⑨嗣宗：阮籍的字。古人在社交场合不直呼别人的大名，故用其字。何曾直呼"阮籍"其名是极不礼貌的。司马昭却用"嗣宗"其字，可作对比。

⑩毁顿：神情哀伤，容貌憔悴，身体虚弱。

⑪有疾而饮酒食肉：语出《礼记·曲礼上》，原文是："居丧之礼，……有疾则饮酒食肉，疾止复初。"司马昭认为以阮籍"毁顿"的状态，饮酒食肉是符合礼法的。

⑫不辍：不停。辍，意为中止、停止。

‖ 释读

竹林七贤

阮籍母亲去世，某日，在司马昭那里闲坐，进食酒肉。司隶何曾也在座，对司马昭说："您正提倡'以孝治天下'，而阮籍母亲去世，正处热孝之中，竟然在您这儿大模大样地饮酒食肉，应该把他流放到海外，以示惩戒，以正视听，纯化风俗，尊崇礼教。"司马昭说："嗣宗自其母亲去世后，已经憔悴不堪，身体虚弱成这样了，你不能为他分担一些忧伤，还要指责他，你这是什么意思呢？再说了，'有疾而饮酒食肉'，本来就符合儒家丧礼的法度。"阮籍照样不停地喝酒吃肉，神色自若。

何曾的斥责与司马昭的回护，构成了这个故事的戏剧张力，而故事的主角阮籍好像是一个旁观者似的。这三个人，形成了一个戏剧场面，意味十足。

何曾在司马氏集团中是重量级人物，废魏帝、立晋朝，他都立下大功。表面上，给人的印象是"用心甚正，朝廷师之"（刘孝标注引《晋诸公赞》），似乎是一位正人君子。可是，何曾堪称是真小人、伪君子，《晋书·何曾传》记载，担负朝廷监察重任的何曾，私生活却极度奢华，"侈汰无度"，"帷帐车服，穷极绮丽；厨膳滋味，过于王者"；也曾多次被人弹劾，只是他身为重臣，司马氏一无所问，从不追究。而为人极假的何曾，一向死盯着阮籍，说他"恣情任性，败俗之人"（刘孝标注引干宝《晋纪》），喜欢在司马昭面前说阮籍的坏话；这一次，更是当着司马昭的面严词指斥阮籍，欲置之死地而后快。人家母亲新丧，悲苦哀伤，他竟然要司马昭流放阮籍到海外，其不近人情，居心恶毒，一至于此！

令人大感意外的是，司马昭不仅不听何曾的坏话，反而语带悲悯于阮籍、语含呵责于何曾，说了一番反驳何曾的话，入情入理，无可辩驳；尤其是司马昭引经据典，用《礼记》里的条例为阮籍辩护，从一个侧面说明司马昭的儒学修养的确不简单，毕竟是儒学大家司马懿的儿子。

有趣的是，司马昭为何要这样回护阮籍呢？为何不顾何曾的面子也要给处于母丧中的阮籍送温暖呢？不能排除司马昭与阮籍的确有不错的私交，否则，就无从解释了，这是前提。可是，看来也不限于此，司马昭自然有自己的盘算：阮籍是曹操文胆阮瑀的儿子，同样是当代知识分子里的翘楚和头面人物，这绝对是拉拢对象，不能没有这样的一枚棋子。事实上，在魏元帝景元四年（263）司马昭进位晋公的各项表演环节中，阮籍写出《劝进文》，就是颇为重要的一环，在司马昭的生命史和政治史上，他真的没有白疼了阮籍。

读这一则故事，可以帮助我们理解为什么阮籍日后冒天下之大不韪也要替人写《劝进文》，帮司马昭一把。其中，不无感情回馈的成分在内。试想，如果司马昭真的听从何曾的意见，并实施惩戒，阮籍的命运会是如何？还能够终其天年吗？何况是在母丧期间，出现了如此不测的人生危机，正是司马昭替他排解掉了，化险为夷，身为人子的阮籍怎能忘怀？宋吕祖谦说："凡人之易感而难忘者，莫如窘辱怵迫之时。"（《东莱博议》"齐鲁战长勺"条）阮籍、何曾、司马昭三人，此刻相对，于阮籍而言，正是"窘辱怵迫之时"。

阮籍坐在一旁，听着何曾、司马昭所说的话语，一来一往都严重关系到自身的利害，而丧母之痛叠加着人世的冷暖和处境之凶险，难道会是无动于衷地饮酒吃肉吗？以他的机敏和悟性，经此一役，更加深知何曾与司马昭的存在分别对他有截然不同的意义。"神色自若"，不等于心如止水，只是遮掩内心波澜的一种演技罢了。

至于司马昭这一次没给何曾面子，也是一种表演。此后，何曾的官运继续亨通，在司马昭死后，还得到晋武帝司马炎的格外重用；他是司马昭、司马炎父子身边不可缺少的人物。客观上，在实际的政治生态中，司马氏父子都给了何曾足够的面子。

8 ▷ 阮籍当葬母，蒸一肥豚①，饮酒二斗，然后临诀②，直言"穷矣③"！都得④一号⑤，因吐血，废顿⑥良久。（任诞9）

‖ **释义**

①豚（tún）：小猪。

②临诀：将要诀别。

③穷矣：父母出丧，孝子例行呼喊的哭悼、诀别之词，是魏晋时的"北方哭法"（参见唐长孺《魏晋南北朝史论丛·读抱朴子推论南北学风的异同》）。

④都（dū）得：此处指仅得。都，意为总共。

⑤号（háo）：哀号，高声呼叫，语带悲音。

⑥废顿：与"毁顿"同，指憔悴虚弱、气力用尽。

释读

阮籍丧母，到了快要下葬的时候，他蒸了一头小肥猪，饮酒达二斗之多，然后，跟母亲作最后的诀别，"穷矣"一句，冲口而出，高声呼叫，语带悲音，哀恸无比。除了哀号，别无话语，口吐鲜血，气力用尽，憔悴不堪，好长时间都恢复不过来。

阮籍是孝子，其母下葬前，虽然饮酒吃肉，但哀伤欲绝，真情流露，毫不掩饰。看其"废顿良久"，可知身体极差，饮酒吃肉，无非是使身体不至于垮下来，符合《礼记·曲礼上》所说的"居丧之礼，……有疾则饮酒食肉"的礼法。

对于礼法，阮籍自有判断，并非无原则遵守。合情合理的，遵守；不合情合理的，"岂为我辈设也"，不遵守。"礼岂为我辈设也"中的"礼"，不是"礼"的全部，而是指不合情合理的那些部分。

有一点也不可忽视，阮籍母亲是在司马昭掌权后才去世的，阮籍要赡养家人，他成为司马昭身边的人，与此大有关系。如果没了俸禄，还可以"蒸一肥豚，饮酒二斗"吗？

9 > 晋文王功德盛大，坐席严敬，拟于王者①。唯阮籍在坐，箕踞啸歌，酣放自若②。（简傲1）

释义

①拟于王者：此指其场面与帝王相当。

②酣放自若：旁若无人，尽情自乐。

释读

司马昭功德盛大，前来拜谒的人正襟危坐，毕恭毕敬，其郑重恭敬的程度不亚于觐见帝王。唯独阮籍一人，在这类场合里，却没有采用符合正规礼仪的跪坐姿势；他屁股压在坐具上，岔开两腿，或吹着啸，或哼着歌，旁若无人，尽情自乐。

表面上看，阮籍在众人眼前的这类举动，很不给司马昭面子，也就是极为失礼。但阮籍习惯了，不会因为某种场合的庄重气氛而改变，也不会因为是否有别人在场而改变，他在居丧期间，到司马昭那里也是照样很不讲究的。

司马昭对于阮籍是任君自便，没有指责，也没有不高兴，爱怎么样就怎么样，可谓宽宏大度。这说不定就是司马昭刻意表露出的王者风范，因为阮籍就是一个标本，如此能容，还有什么不能容！

司马氏父子杀人太多，政治生态一片肃杀，而阮籍的另类表现，或许正是司马昭所需要的。他宽容阮籍，以阮籍作为政治宽容的活招牌，那些明里暗里痛骂司马氏的人，还有什么好说的呢？

10> 魏朝封晋文王为公①，备礼九锡②，文王固让③不受。公卿将校④当诣府敦喻⑤。司空郑冲⑥驰遣信就阮籍求文。籍时在袁孝尼⑦家，宿醉⑧扶起，书札⑨为之，无所点定⑩，乃写⑪付使。时人以为神笔⑫。（文学67）

释义

①公：此为简称，指加封司马昭为晋公。公，是古代五等

爵位（公侯伯子男）的第一等，也代指朝廷官位的最高一级。司马昭受封晋公后，其子司马炎继而建立晋朝。故此，司马昭受封晋公是司马氏家族问鼎最高权力的道路上至为关键的一个环节。司马昭要谋定而后动，这是他多次辞让的原因。

②九锡（cì）：古代天子赐给立有大功的诸侯、大臣的九种器物，是一种具有象征意义的最高礼遇。锡，通"赐"。

③固让：坚定地辞让。固，坚持、坚定。

④公卿将校：公卿，代指朝廷大员。汉代中央政府设"三公九卿"，均属高级官员。将校，是将军和校尉的合称，指高级武官。

⑤诣（yì）府敦喻：前往府邸，恳切地劝说。诣，拜访。

⑥司空郑冲：司空，是古代朝廷的三公之一，位极人臣。郑冲，字文和，魏荥阳（今河南开封）人。原是曹魏大臣，后在司马炎登基后拜太傅。是魏晋交替时期的重要政治人物。

⑦袁孝尼：即袁准，字孝尼，阮籍好友，魏陈郡阳夏（今河南太康）人。为人正直，淡泊名利。

⑧宿醉：隔夜尚存的醉态。

⑨书札：在木片（札）上书写。书，用为动词。

⑩无所点定：没有删改的痕迹。点，《尔雅·释器》有"灭谓之'点'"的说法，即古人"以笔灭字为'点'"（《尔雅·释器》，郭璞注；参见《王力古汉语字典》，中华书局，2007年，第1765页），意为删削。定，即改定。此处，强调起草阶段即已无须删改。

⑪写：誊清，与"书"相对而言。此处，"书"意为"草写"，"写"意为"楷写"（因为《劝进文》是正式、庄重的文书，必须楷写后送呈）。

⑫神笔：神来之笔。

▌ 释读

魏元帝曹奂在位时，拟封司马昭为晋公，已经备好了九锡大礼，司马昭一再辞让，不肯接受。当时，一批公卿、将校纷纷到司马昭的府邸，恳请、敦劝司马昭接受朝廷的嘉勉。司空郑冲急切派遣使者带着自己的亲笔信去找阮籍求助，请阮籍写《劝进文》。此时，阮籍刚好在袁孝尼的家里，头一晚喝醉了酒，勉强让人扶起来，在木片上书写草稿，一气呵成，没有任何删改痕迹，再楷写后交付来使。时人都称赞阮籍是"神笔"。

这是魏、晋交替时期的大事，是标志性事件，司马昭接受九锡，是在高贵乡公死后，魏元帝曹奂被司马昭扶上皇帝位的第四年，即景元四年（263）十月。

据《晋书·文帝纪》的记载，早在高贵乡公甘露三年（258）五月，朝廷已经要封司马昭为晋公，加九锡，但司马昭辞让了；高贵乡公甘露五年（260）四月，朝廷又一次加封，但司马昭还是辞让了；高贵乡公于甘露五年五月被杀，魏元帝曹奂于是年六月继位改元，年号景元，再一次加封，但司马昭依然辞让了；景元二年（261）八月，前述戏码又上演了，还是没有改变演法。终于，到了景元四年（263）十月，前述戏码上演之后，一开始司马昭仍然"以礼辞让"；可这一次司空郑冲再也等不下去了，于是"率群官劝进"，效果十分显著，司马昭"乃受命"，当年接受九锡，进位为晋公，并于次年即咸熙元年（264）三月进爵为王。而事件中起了特殊作用的《劝进文》，就出自阮籍的手笔。

其实，世人所熟知的"司马昭之心，路人皆知"，是高贵乡公的名言。司马昭的野心家形象人所共知。可是，司马昭真不是等闲之辈，他有野心，更有耐性。换了别人，既然朝廷要加封九锡，进位晋公，装模作样一两次也就差不多了，何至于要前后装五次之多呢？弱势的高贵乡公曹髦、身为司马昭傀儡的魏元帝曹奂，碍于有郑冲之流给朝廷传话，朝廷才不得不表示嘉勉；而深知司马昭真实内心的非郑冲等辈莫属。司马昭这么有耐性是很令人生疑的事情。

问题的症结在于司马昭豢养的军士成济刺死了高贵乡公（《晋书·文帝纪》），成济负有弑君之罪，而司马昭当然也脱不了干系。司马氏父子儒学修养不浅，尤其是司马懿"博学洽闻，服膺儒教"（《晋书·宣帝纪》）；既然以儒教相标榜，那么，《春秋》大义强调要警惕狼子野心，警告多行不义必自毙（《左传·隐公元年》），《孟子·滕文公下》说得更明确："孔子成《春秋》，而乱臣贼子惧。"有如此重视儒教的家学背景，说司马昭内心完全没有忌惮，恐怕说不过去。我们可以进一步推断，司马昭的超强耐性，更有可能是其压在心底的忌惮的转化形态。他前后装五次之多，说明其藏于心中的忌惮在高贵乡公死后的几年里一直难以消除。当然，司马昭一连五次的辞让表演，意在一次又一次地强化自己没有野心的假象，算是为自己洗白吧。

说了这么多，还是为了说阮籍。

阮籍写《劝进文》，是代郑冲等人写，语气、口吻都并非阮籍自己的。郑冲是一位甚有权势的人物，资历很深，早年做过曹丕（时为太子）的文学侍从；还是高贵乡公的经学老师（《晋书·郑冲传》）。按说，以郑冲的学养和文笔，他自己也可以写，本来用不着十万火急般地去麻烦阮籍做枪手。事实上，刘孝标为这一则文字做注，引用了阮籍《劝进文》若干句（"窃闻明公固让，冲等眷眷，实怀愚心。以为圣王作制，百代同风，褒德赏功，其来久矣。周公借已成之业，据既安之势，光宅曲阜，奄有龟蒙。明公宜奉圣旨，受兹介福也"），这些句子大体也可以在《晋书·文帝纪》里找到，两相对照，《晋书·文帝纪》所录郑冲等人的《劝进文》，大概就是阮籍所写的那一篇。则《劝进文》写于景元四年十月，大致也可以确定了。

不管怎样，郑冲请阮籍操刀，是事实；阮籍与嵇康等一批跟司马氏有矛盾的人物交好，也是事实。高贵乡公已经驾崩多年，事件也慢慢淡化；而阮籍作为与体制内外均有交往的名士，他似乎更有代表性，连《劝进文》也是出自阮籍手笔，司马昭这一回大概能安心地接受加封了。这或许是做过文学侍从的郑冲非要请阮籍做一回枪手不可的主要原因。

至于阮籍本人，他自然清楚明白司马昭的多番辞让表演的深意所在，以他的世故心态，不会不知道事情的最后结果：加封是必然的，是迟早的事情。故此，他接到郑冲的求援信之后，乘着未消的醉态，文不加点，以倚马可待的速度完成，除了说明他是"神笔"、文思泉涌之外，恐怕更重要的是，他早有劝进的文章在肚子里；不是他真心劝进，而是他看了三番五次上演的戏码，心中有数了。

司马昭需要身边有一个阮籍这样的人，作为自己的一枚棋子，在用得着的时候，还真的挺管用。这是阮籍的无奈（需要一份俸禄），也是他的悲剧所在。我们不要忘了，阮籍死于景元四年（263），应该就是他写出《劝进文》之后不久。他内心受到多少谴责，只有他自己才知道。

阮籍，是中国古代文人中的一个异数，也是一个很复杂的人物。

他的后半生生活在必须选边站的政治环境里，名义上，还是曹魏时代，可朝政实权已经旁落于司马氏父子手上。换言之，一边是曹魏，一边是司马，他作为曹魏的臣子，情感上依恋于曹魏是自然的；可他与司马氏父子尤其是司马昭的关系不能说很浅，而且，司马氏父子在嘉平元年（249）灭了曹爽，篡夺了大权，曹魏已经名存实亡，他要不要选择司马一边呢？如果选，会遭到同时代那些痛恨司马氏父子的其他知识分子的鄙夷与斥责；如果不选，一家老小，要养起来就很不容易，没了一份俸禄该怎么办？这是很现实的问题。

选也难，不选也难。阮籍的聪明之处是将选与不选的边界模糊起来，天天喝醉酒，口不臧否人物，哪怕关系密切的司马昭想套他的口风，他也慎之又慎，滴水不漏，着实保护了那些明里暗里憎恨司马氏父子的朋友。

《晋书·阮籍传》记载，阮籍的前半生可不是这样的，他爱恨分明，见到不喜欢的人，"以白眼对之"；见到喜欢的人，"乃见青眼"。可以想见，他要以多大的意志力才能够发生这一百八十度的转变。

不可讳言，阮籍受到司马昭的保护，这是一件耐人寻味的事情。司马昭明知阮籍在装，大概阮籍也知道司马昭知道自己在装，大家都不说破，保持默契。无他，司马昭想让阮籍充当他的棋子，而阮籍也想在模糊的状态下苟存性命于乱世。

"模糊状态"是阮籍后半生的生存策略，其灵感或许来源于庄子的《齐物论》。他熟读《庄子》和《老子》等书，"博览群籍，尤好《庄》《老》"（《晋书·阮籍传》），这是他早就打下的底子；发生时代剧变，不得不做出艰难的心理调适，《齐物论》提供了重要的精神资源："方生方死，方死方生；方可方不可，方不可方可；因是因非，因非因是。……彼亦一是非，此亦一是非；果且有彼是乎哉，果且无彼是乎哉？"这种绕口令式的表述，正好帮了大忙，反正将"是"与"非"的边界模糊起来，在日常的世俗生活里，懒得分别，无分彼此，视如齐一，不亦乐乎！

当然，外在的装与内在的真是错位的，不要以为阮籍真的活得很自在、很洒脱，他的内心之苦只有自己知道。否则，他何以会写出那么难懂的《咏怀》诗呢？他的内心，很多人是不懂的，那么，自己知道就好了，也不需要别人懂。

二 嵇康

嵇康（223—262），字叔夜，三国魏谯郡铚（今安徽濉溪西南）人。与魏宗室通婚，魏长乐亭主（曹操曾孙女，其祖父曹林为曹操第十子）婿。官至中散大夫，世称嵇中散，是"竹林七贤"的重要成员。

嵇康早孤，没有显赫的家族背景。他跟阮籍交好，但不像阮籍那样有一位著名的父亲，也不像阮籍那样与司马氏父子有密切的关系。可他的学养构成与阮籍相近，《晋书·嵇康传》说："（嵇康）博览无不该通，长好《老》《庄》。"这是二人心灵相契的机缘之一。阮籍喜爱吹啸，乐感很好；嵇康"弹琴咏诗，自足于怀"，也是音乐造诣甚高的人。阮籍著《达庄论》《通老论》，嵇康撰《养生论》《声无哀乐论》，在哲学思辨方面都具备通达、明辨、深思等特质。"竹林七贤"中，嵇康、阮籍的名声最大，地位最高，影响最为深远。

然而，嵇康的个性与阮籍颇为不同，阮籍为人偏于圆，偏于大智若愚，而嵇康的为人却是偏于刚，偏于嫉恶如仇。嵇康作为曹家女婿，出于家庭关系，厌恶和痛恨司马氏的篡权行为，不可能如阮籍那样依违于曹魏与司马之间，他倒是没有选边站的烦恼，绝不会选到司马那一边去。

嵇康死于司马昭的手下，是一位悲剧人物。

鲁迅先生敬慕嵇康的为人，曾经下了很深的功夫重新辑校《嵇康集》。鲁迅可算是嵇康身后的著名知音之一。

1 > 嵇康游于汲郡①山中，遇道士孙登②，遂与之游。康临去，登曰："君才则高矣，保身之道不足。"（栖逸2）

‖ 释义

①汲郡：古郡名，治所在汲县（今河南卫辉市），辖境大概相当于今河南新乡市、卫辉市、辉县等，即郑州以北一带。

②孙登：魏晋之际的隐士，道教徒，在汲郡一带活动。传说嵇康曾师从孙登。

‖ 释读

嵇康到汲郡山中游玩，遇见道士孙登，于是跟随孙登，与之交游。后来，嵇康离开前，孙登赠言道："阁下才高，但保身之道不足。"

嵇康与孙登的交往，大概是事实，但交往时间有多长，说法不一。有说长达三年，有说只是偶遇而已。余嘉锡先生《世说新语笺疏》认为"三年之说"不可信。此外，也有人说嵇康所遇到的孙登，就是阮籍当年见到的苏门先生，余嘉锡先生也认为是附会。我觉得余先生的说法是审慎的，值得参考。

不论如何，孙登是高人，善于观察，长于判断，能够从细微处发现问题。他大概从嵇康的神态、气质、言辞等细节推断嵇康是一个内方而外不够圆的人。在某种情境下，他的内方性格起主要作用，会导致祸患，所以预先提醒，要注意保身之道。

嵇康的一生行止和最后结局，证明当初孙登的说法有先见之明。难怪嵇康在临终前写《幽愤诗》，其中有两句："昔惭柳惠，今愧孙登。"据说，柳下惠以"直道而事人"著名，嵇康反思自己还做得不够好，比不上古人柳下惠；眼下，飞来横祸，身陷狱中，时日无多，回想当日临别前的教诲，实在愧对今人孙登。这也从一个侧面证实嵇康与孙登是有过一段交情的。

2 > 嵇中散语赵景真①："卿瞳子白黑分明，有白起之风②，恨③量小狭。"赵云："尺表④能审玑衡之度⑤，寸管⑥能测往复之气⑦。何必在大，但问识如何耳！"（言语15）

‖ 释义

①赵景真：即赵至，字景真，是嵇康的忘年交。

②白起之风：白起，战国时的秦国名将；据说，他的长相以"瞳子白黑分明"为特征之一，明于事理，英风飒飒。"白起之风"指此而言，是褒扬之词。

③恨：遗憾，可惜。

④尺表：测量天象的日表，长一尺。

⑤玑衡之度：天体运行的轨迹。

⑥寸管：指直径不过一寸的律管。

⑦往复之气：指周而复始的节气变化。古人有候气之法，即在一密室内吹动律管，看葭莩之灰的飞动情状，以判断气候变化，是律吕之学与占候之术的结合，其原理据说是管中的玉律十二与十二个月有对应关系，带有一定的神秘色彩。《后汉书·律历上·候气》说："截管为律，吹以考声，列以物气，道之本也。"可见是一种古代方术。

‖ 释读

嵇康对赵至说："阁下的眼睛黑白分明，很像战国时的秦国名将白起，英气逼人；遗憾的是眼睛不大，偏于狭小。"赵至回应道："测度天象的日表，仅长一尺，却能够测量出天体运行的轨迹；占验节气的律管，直径不过一寸，吹动细细的律管以观葭莩之灰的飞动情状就可以判断冬去春来的节气变化。何必在乎（眼睛）大小呢，只要看人的识见如何就是了！"

刘孝标注引嵇康儿子嵇绍写的《赵至叙》，该文记录赵至跟嵇康初次见面的情景。当时，赵至才十四岁，到太学参观，巧遇嵇康，主动与嵇康搭讪，请问其大名，嵇康很好奇地问他："阁下年纪轻轻，何以要问我的名字呢？"赵至说："我看您气宇非常，所以关注您。"嵇康没有架子，友好地自报姓名。嵇康被杀时，嵇绍才十岁（刘孝标注引王隐《晋书》说"（嵇）绍十岁而孤"），赵至的这一件事情，或许是嵇康给他说过，或许是赵至告诉他的，嵇绍印象极深。

上面写到的嵇康与赵至的对话，估计发生在他们俩初识后不久。

从赵至的回答来看，此人聪明机灵，应对巧妙，而且，年纪不大，充满着自信：眼睛长得小一点不碍事，一个人是否有真见识才是重要的。能说出这样的话，的确有异于常人。

嵇康喜欢赵至，他说的话，大概是实话实说。嵇绍《赵至叙》称成人后的赵至"论议清辩，有纵横才"；曾做辽东从事，断案"清当"。可见嵇康早年所说的"有白起之风"的预判是大体准确的。赵至离开母亲到异地做官，因母亲去世不能送终自责过甚，吐血发病，没过多久也病亡了。大概由于眼睛小而预判赵至有时候会想不开，"恨量小狭"，是双关语，嵇康也说对了。

汉代以来，对人物的评判是一门学问，所谓"月旦人物"，主要是分析判断一个人的才能和品性（相对应的专用术语是才和性），也顺带推动了相学的发展和兴盛。嵇康大概是懂得相学的。

从《赵至叙》又可以看出，嵇康很有气场，以至于将赵至吸引过来。如果没有这一前提，或许就没有赵至与嵇康的偶遇和对话了。

3 钟士季①精有才理②，先不识嵇康。钟要③于时贤俊之士，俱往寻康。康方大树下锻，向子期④为佐鼓排⑤。康扬槌不辍⑥，旁若无人，移时⑦不交一言。钟起去，康曰："何所闻而来？何所见而去？"钟曰："闻所闻而来，见所见而去。"

（简傲3）

释义

①钟士季：即钟会，字士季。

②精有才理：意为有才干，于玄学也颇为精通。才，指才干；理，指玄学之理。

③要：通"邀"。

④向子期：即向秀，字子期。是"竹林七贤"之一，阮籍、嵇康共同的朋友。

⑤为佐鼓排：在炉灶边帮助拉动风箱。佐，辅助。鼓排，指拉动风箱。

⑥不辍：不停。辍，中止，停止。

⑦移时：过了好一会儿；过了好长时间。时，指时辰，古代计时，一天十二时辰。此处约指时间较长。

释读

钟会有才干，于玄学也颇为精通，原本不认识嵇康。钟会邀集若干当时颇有名望的人一起去寻访嵇康。当时，嵇康正在大树下摆开架势锻打铁器，向秀在一旁帮忙拉动风箱。只见嵇康挥动铁锤，叮叮当当，锻打不停，旁若无人，过了好长时间，也不跟来到身边的客人打招呼。钟会等了这么长时间，不见嵇康有任何反应，甚觉无趣，本来坐在地上，此时只好站起来，准备离开。正在此刻，嵇康开腔了："何所闻而来？何所见而去？"钟会是聪明人，也回敬了一句："闻所闻而来，见所见而去。"

这显然是一个不欢而散的场面。

其实，钟会生于魏文帝黄初六年（225），嵇康生于魏文帝黄初四年（223），二人只相差两岁，算是同辈人。但嵇康名气实在很大，以至于钟会也要冒昧前来拜识。钟会等人都是贵公子，衣着装扮异于常人。钟会习惯"乘肥衣轻"，即骑着高头大马，穿着绫罗绸缎；又喜欢"宾从如云"，即出行往往是前呼后拥的（刘孝标注引《魏氏春秋》）。估计以嵇康的精明和敏锐，他一眼就看出客人来头不小，而且，此时正是司马氏掌权，如此春风得意的一班人竟然来看他锻铁，居心叵测，不得不防。嵇康或许几乎是出于本能的防范心理对客人表示冷漠：反正我做我的事，又不是我请你们来的。

嵇康锻铁，是有生计考虑的。司马氏掌权后，嵇康隐居不仕。他平时锻打一些农具或日常铁器，可以帮补家用。嵇康虽然贫穷，却不贪钱，如果有人对他打造的铁器格外欣赏，得到赞美，心情满足，他连钱也不要了；或者，亲戚朋友得到他的铁器，拿来鸡酒与他共尝，他也十分开心（刘孝标注引《文士传》）。这也是一种名士风度。

然而，这一次，嵇康似乎没有风度：人家都来了，还坐在地上看了这么长时间，寒暄一两句有何不可呢？如此扮酷，有何好处？

说实在的，真没好处。刘孝标注引《魏氏春秋》说："（嵇）康方箕踞而锻，（钟）会至不为之礼，会深衔之。后因吕安事，而遂潜康焉。"可以说，这一次扮酷，后果很严重。钟会是一个极为小气的人，他因此就对嵇康怀恨在心，后来找到机会，借"吕安案件"将嵇康整死。

可是，这才是嵇康。他努力做到喜怒不形于色，但做得不到家，变成了冷漠；他逼迫自己做到外圆，可他内方的本性使得他忍不住鄙夷一切在司马氏当政时春风得意的人。这印证了孙登对嵇康说过的一句话："君才则高矣，保身之道不足。"

这一则文字里的对话是文眼，最为精彩。一问一答，问得突兀，答得利落，暗藏佛家所说的机锋。这算是嵇康与钟会的第一次过招。这些话，说了似乎等于没说；又似乎一切已尽在其中，再说就是多余的了。话语间，仿佛在空气中大写了几个字：道不同不相为谋。

4 ▷ 钟会撰四本论①始毕，甚欲使嵇公一见。置怀中，既定，畏其难②，怀不敢出③，于户外遥掷，便回急走④。（文学5）

||| **释义**

①四本论：此是钟会以"才性四本"为话题的专论。"才性四本"是当时清谈的热门议题。

②畏其难（nàn）：害怕（嵇康）辩难。难，辩难，质疑。

③怀不敢出：此指不敢从怀里将文稿取出。怀，意为"怀着"，用作动词。

④急走：急忙跑开。走，此指跑开。

||| **释读**

钟会写出了《四本论》，刚刚脱稿，很想让嵇康过目。于是，将文稿放置于怀里，（来至嵇康家门前）站定后，又害怕嵇康当面跟自己辩难，犹豫良久，不敢从怀里将文稿取出；可还是想给嵇康看看，干脆在门外远远地往里扔了进去，急忙转身跑开。

这一则故事，于嵇康而言是不写之写，似乎嵇康没有出场，可嵇康的气场却无处不在。

嵇康的气场可以分为两个层面来说。一个层面是，在钟会的心目中，嵇康是权威，写出文稿，最想让他过目把关；另一个层面是，嵇康很威严，连很有身份的贵公子钟会也怕他几分，甚至不敢当面交稿，怕的是他跟自己辩难起来，自己招架不住。

至于钟会写《四本论》，显然是要参与当时的清谈辩论。"四本"，全称"才性四本"，指的是才（才能）与性（品性）之间的四种关系：才性同、才性异、才性合、才性离。这四种关系是清谈的重要议题，可以分为两个层面来理解：前两种关系辩论的焦点是对才能与品性做出事实判断，即才能与品性是同一种东西还是不同的东西；后两种关系是在事实判断的基础上再来辩论才能与品性是相互关联的还是互不相关的，可称之为关联判断。当时，各有各的说法，莫衷一是。

据刘孝标注引《魏志》的说法，"钟会论合"，即钟会的观点是认为才能与品性是相互关联的（据《资治通鉴》卷七十三记载，魏明帝时代，吏部尚书卢毓"论人及选举，皆先性行而后言才"；大概钟会的观点与之相似）。当然，钟会的《四本论》已经失传，具体是如何论证的，已经不得其详了。

汉魏时期，人们热衷于谈论"才性四本"，有着现实的政治意义。话题实际上是由曹操引发的。曹操用人，重才不重性，唯才是举，不大理会其人品性如何。这是在非常时期的用人策略。到了曹魏末期，如何用人仍然是要迫切解决的政治问题。钟会大概是在这样的背景下撰写《四本论》的。

颇具讽刺意味的是，钟会本人性行极差，最后以胡作非为太多而死于非命（《三国演义》第一百一十九回写钟会借平蜀有功伺机反叛而终于被杀，大体与历史记载相符）；至于"钟会论合"的《四本论》，也只是空头理论而已。

话说回来，我们不知嵇康在看了钟会扔进来的《四本论》

之后有何看法。但从历史事实看，钟会后来成了陷害嵇康的小人，从嵇康崇拜者转身变为嵇康死敌，嵇康被杀，钟会充当了一个极不光彩的角色。

5〉嵇康与吕安善，每一相思，千里命驾①。安后来，值康不在，喜②出户延之③，不入。题门上作"鳳"字而去。喜不觉④，犹以为欣⑤。故作"鳳"字，凡鸟也⑥。（简傲4）

||| **释义**

①千里命驾：意为不管有多远，都会立即启程前去造访。千里，泛指距离之远，并非实指。命驾，本义是启动马车或牛车，此处泛指启程。

②喜：即嵇喜，嵇康哥哥。

③出户延之：到门外迎请。延，引进，请。

④不觉：没有察觉。

⑤犹以为欣：还以为是好字眼，暗自高兴。

⑥凡鸟也：繁体的鳳字，拆分成凡字与鸟字。此处暗喻嵇喜很平庸。

||| **释读**

嵇康跟吕安很要好，只要一想念对方，不管有多远，都会立即启程前去造访。一次，吕安来看望嵇康，刚好嵇康外出了，嵇康的哥哥嵇喜很热情地到门外迎请，可吕安瞧不起嵇喜，没有进屋，在门上写了一个"鳳"字就离开了。嵇喜没有反应过来，还以为是好字眼，暗自高兴。其实，吕安故意写了个"鳳"字，是

用拆分法，鳳内含"凡""鳥"二字，暗喻嵇喜很平庸。

吕安的性格与嵇康有些相近，他们都是内方之人，不无清高孤傲之气，看不上的人正眼也不瞧一下，有点类似早期阮籍的白眼。而写"鳳"字，暗喻凡鸟，是比较刻薄的。

嵇康《幽愤诗》有一句："母兄鞠育，有慈无威。"他很早失去父亲，靠母亲和哥哥抚养成人。这是嵇康临终前写的诗，看来他对哥哥还是很感恩的。不知为何，吕安对嵇喜似有成见；刘孝标注引干宝《晋纪》也记载嵇喜在迎接吕安时是"拭席而待之"，可吕安不顾而去。无独有偶，据刘孝标注引《晋百官名》，阮籍也不喜欢嵇喜，"以白眼对之"，很可能是气质、性格不合。

6 王戎云："与嵇康居二十年，未尝见其喜愠之色①。"（德行16）

|| **释义**

①喜愠（yùn）之色：喜或怒的面部表情。愠，愤怒，怨恨。

|| **释读**

王戎说："我跟嵇康相邻而居，长达二十年，未尝见过他喜或怒的面部表情。"

曹魏时期，尤其是在司马氏父子掌权之后，政治生态迅速恶化，权力集团内部严重分化，党同伐异之风大行其道，以至于人人自危，道路以目，故此，"喜怒不形于色"是当时的人，尤其是知识分子努力想做到的社交姿态。嵇康《与山巨源绝交书》里就说道："阮嗣宗口不论人过，吾每师之，而未能及。"这说明，王戎的观察不全对，也不全错。

表面上看，王戎不全错，嵇康的确是有学习阮籍的自觉意识，"吾每师之"，可知他经常是想以阮籍为榜样，而且也照着样子去做，故而王戎才会说出上面这番话。刘孝标注引《（嵇）康别传》说："康性含垢藏瑕，爱恶不争于怀，喜怒不寄于颜。所知王濬冲在襄城，面数百，未尝见其疾声朱颜。此亦方中之美范，人伦之胜业也。"大概平时的嵇康还是相当讲究仪态的，"疾声朱颜"这类失态的样子是不容易见到的。

可是，王戎肯定不全对，因为嵇康自己也承认不可以完全做到，用他的话说是"而未能及"；或许是有时候没做到，或许是想做而真的做不到。还有，王戎一个人观察，他不可能时刻都在嵇康的身边，总会有看不到的时候，而嵇康"未能及"的情形恰好在王戎不在场时发生，也并非不可能。

王戎的话，不必全信，也不可完全不信。总之，此话为我们提供了了解嵇康日常生活的一个视角：他不是不知道喜愠之色会惹祸的，不是不知道要隐忍和掩饰，不是不知道小心谨慎才是生存的王道，他也常常试图去做；可是，刚烈的脾气、嫉恶如仇的血性在某些时候使得他难以隐忍，装不下去就不装了。这是我们在王戎的那番话之外所要指出的嵇康的另一面。

换言之，阮籍以装为常态，而嵇康在装与不装之间。嵇康的不装可能不大常见，装还是不少见的。这是特殊环境使然。

7 > 山公①将去②选曹③，欲举嵇康；康与书④告绝⑤。（栖逸3）

|‖ **释义**

①山公：对山涛的尊称。

②去：此指离开。

③选曹：指吏部郎，负责选拔官员，故称。曹，此指官署。

④书：此指书信。

⑤告绝：切割，绝交。

|‖ **释读**

山涛即将离开吏部郎的职位而有所升迁，打算举荐嵇康接任吏部郎一职。嵇康写了《与山巨源绝交书》，跟他"切割"，从此绝交。

据《三国志·魏书·嵇康传》裴松之所加案语，山涛出任吏部郎是在魏元帝景元二年（261）。大概他在同一年得以升迁，空出职位，想让嵇康替上。换言之，嵇康《与山巨源绝交书》当写于此年。约两年后（263），嵇康就不幸遇害。

这是嵇康将要走到生命尽头之前发生的事情。

作为好友，山涛不会不知道嵇康的立场和态度，他也了解嵇康的日常生活；举荐嵇康，更大的可能性是考虑到嵇康的日子过得比较艰难（阮籍尚且需要一份俸禄，这是可以参照的），让嵇康出任吏部郎，可以减少他生活上的窘迫。可是，嵇康毕竟是一个内方而外不够圆的人，在是否与司马氏合作的问题上，他只认死理，绝无商量余地，所以写出了《与山巨源绝交书》。

翻开《嵇康集》，可以见到嵇康一生之中至少写过两封绝交书，一封给吕安的兄长吕巽（此人是真小人），一封给山涛（此人依然是嵇康信任的朋友）。从私人关系看，两封绝交书的性质有所不同，前一封表达了对吕巽的痛恨，是动了真气的（吕巽恶意陷害弟弟，天理不容）；后一封则不大一样，更多的意思是写给当局看的。此时，山涛已经出仕，山涛出面举荐自己，而自己跟他绝交，意味着公开声明与司马氏政权一刀两断（可以比较的是，阮籍做不到如此绝情）。这或许是嵇康后来不得不死的更深刻的内情。

嵇康没有真的恨山涛，也恨不起来，《晋书·山涛传》写道："（嵇）康后坐事，临诛，谓子（嵇）绍曰：'巨源在，汝不孤矣。'"这就说得很清楚，在嵇康心目中，山涛依然是信得过的好朋友，哪怕自己不在了，他也相信山涛会照顾好自己的遗孤，让年幼的儿子放心。事实上，嵇绍后来进入仕途，就是山涛关照的结果。

可以想见，嵇康写《与山巨源绝交书》时，内心是多么痛苦。他真的舍得与这位心肠极好的朋友绝交吗？可是，出于内心的正义感，出于他作为曹家女婿天然的政治立场，出于他对司马氏政权的绝望，他只好痛下决心，写出绝交书，以一种刚烈的姿态表明立场。

8 > 嵇中散临刑东市，神气不变。索琴弹之，奏《广陵散》①。曲终，曰："袁孝尼尝请学此散，吾靳②固不与③。《广陵散》于今绝矣！"太学生④三千人上书，请以为师，不许。文王亦寻⑤悔焉。（雅量2）

‖ **释义**

①《广陵散》：琴曲名。比较流行的说法是取材于"聂政刺

韩王"的故事，原名《聂政刺韩王曲》。散，义同"曲"，"此散"即"此曲"。

②靳：吝惜，舍不得；此处转义为不忍心（《广陵散》的琴音过于悲苦而不祥和）。

③固不与：此指拒绝教授《广陵散》。固，意为坚定地。

④太学生：在太学里就读的年轻人。

⑤寻：过后不久。

‖ 释读

嵇康被解往刑场处以死刑，神气不变。只是有一个请求：给他一把琴，可以弹奏一曲《广陵散》。弹奏完毕，无限感慨，说："袁孝尼曾经提出想跟我学弹此曲，我还吝啬着不忍心教他，一再推却。《广陵散》没人会弹了，从此失传了！"太学生们得悉嵇康将死，上书朝廷，要求以嵇康为师，挽救其性命，人数多达三千人。可是，朝廷不许。嵇康死后，司马昭没过多久就后悔了。

据说，《广陵散》不是和平之声，而有杀伐之气，比较流行的说法是取材于"聂政刺韩王"的故事，原名《聂政刺韩王曲》。也有人附会《广陵散》的曲名，说该曲影射毌（guàn）丘俭"广陵之败"事件（毌丘俭反抗司马氏政权，其军队在广陵败散，情景悲壮）。诸种说法，给《广陵散》琴曲披上一层扑朔迷离的色彩。但可以肯定的是，《广陵散》绝非祥和之曲，而多悲苦之音。这或许是嵇康不肯传授给袁孝尼（即袁准，嵇康与阮籍共同的朋友）的原因。

说到嵇康之死，有远因，也有近因。

远因与毌丘俭有关。毌丘俭（？—255），曹魏大将，是司马师的政敌，反对司马师专权，维护曹魏集团的正统性。他于高贵乡公正元二年（255）密谋起兵讨伐司马师，而兵败于慎县（今属安徽肥东，古代属于扬州郡；扬州古名广陵，故有人将毌丘俭兵败慎县附会成琴曲《广陵散》的题材背景）。《三国志·魏书·嵇康传》裴松之注引《世语》说，毌丘俭密谋起兵反司马师，嵇康"欲起兵应之，以问山涛，涛曰：'不可。'俭亦已败"。换言之，当时，尚未绝交的好朋友山涛劝阻嵇康不要与毌丘俭相配合，而且此时毌丘俭已经败亡，也来不及与之呼应了。裴松之在引用完这条资料后做了辨析，认为此事不可能发生。姑且不论此事是否真实，但是，无风不起浪，《世语》白纸黑字的记载，就算是假的，也不易断定嵇康与毌丘俭互无联系；嵇康没有行动，也不等于说他对于毌丘俭的举动毫不知情（嵇康毕竟是曹家女婿，自然会站在毌丘俭一边）。总之，在若有若无之间，嵇康的对立面是可以借此当作某种把柄而置其于死地的。这或许是一桩曹魏版的莫须有事件。

近因则与嵇康的好朋友吕安有关。吕安发生了家变，同父异母哥哥吕巽与吕安妻子徐氏有染，被吕安发觉，准备要控告兄长，驱逐妻子；他先与嵇康商量，嵇康跟他说明利害关系，劝他不要轻举妄动。而吕巽自知理亏，却担心弟弟采取行动，于是恶人先告状，无中生有，告弟弟打母亲，极为不孝（司马氏提倡"以孝治天下"，故不孝是大罪），要求官府将吕安流放到边远地方去。官府判吕安徒边；吕安在官府自辩，其辩护词提及嵇康当初对自己的劝阻云云。嵇康随之极为无辜地被卷入了这起民事纠纷之中。嵇康当然要为自己辩护，不曾想，这桩案子落入钟会的手里，钟会趁机报复嵇康当初对自己的不理不睬，故意将事件作升级处理，上纲上线，定了嵇康死罪。据刘孝标注引王隐《晋书》的记载，嵇康与吕安是同时遇害的。

不能小看了钟会，他是嵇康一生的噩梦。《资治通鉴》卷七十七记载，钟会在司马昭身边越来越受到重用："（司马）昭亲待日隆，委以腹心之任，时人比之（张）子房。"换言之，钟会给司马昭出过很多主意。而他对嵇康早就怀恨在心，肯定不会错失任何机会将嵇康整死。我们不知道钟会在司马昭耳边说过嵇康多少坏话，但嵇康之死，与钟会的谗言大有关系，《晋书·嵇康传》记载，钟会在司马昭面前说嵇康"欲助毋丘俭"，这可是谋反的大罪，非同小可；还说嵇康和吕安一起"言论放荡，非毁典谟，帝王者所不宜容。宜因衅除之，以淳风俗"。司马昭听信钟会之言，随即处死嵇康。

这里还有一重关系不可忽略，即吕巽与钟会关系密切（《文选·思旧赋》李善注引干宝《晋书》）；嵇康写过《与吕长悌绝交书》（长悌，是吕巽的字），吕巽假手于钟会杀人，这也是一个不小的缘由。

嵇康遇害没过多久，据说司马昭后悔了，那也只是假惺惺而已，不必当真。

如果将上面所说的远因和近因联系起来看，在司马昭时代，在钟会得意之时，在小人吃得开的环境里，嵇康是不得不死的。嵇康死的时候，才虚岁四十。

9 ▶ 嵇康身长七尺八寸，风姿特秀①。见者叹曰："萧萧肃肃，爽朗清举。"或云："肃肃如松下风，高而徐引②。"山公曰："嵇叔夜之为人③也，岩岩④若孤松之独立；其醉也，傀俄⑤若玉山之将崩。"（容止5）

‖ 释义

①特秀：特别出众。

②高而徐引：形容飘逸、高迈的情状。

③为人：此指体态，也暗喻其人清刚不屈的神态。

④岩岩：用为形容词，形容如岩石般挺拔坚劲。

⑤傀（guī）俄：通"巍峨"，意为高大。

‖ 释读

嵇康身高七尺八寸，风度、仪态都显得特别出众，见到他的人赞叹说："其人潇洒肃穆，爽朗清高。"也有人说："其人如松下风，清爽洒脱，飒然飘逸。"山涛则评论道："嵇叔夜的体态有如英姿独立的孤松，清刚不屈；即便是喝醉了，其醉态也好像玉山倾侧，让人仰望。"

刘孝标注引《（嵇）康别传》也说嵇康的外形与气质都极为突出，"龙章凤姿，天质自然"，联系到当初进入太学参观的赵至一见到嵇康就被他的气场吸引住，可以说明是众口一词：嵇康就是一位极品美男。

年幼丧父的嵇康，没有显赫的家世背景，而能够成为曹魏宗室的长乐亭主的夫婿，必定有其过人之处。同时代的人称赞他是非常之器，绝非虚誉。

10▷ 有人语王戎曰："嵇延祖①卓卓如野鹤之在鸡群。"答曰："君未见其父耳！"（容止11）

释义

①嵇延祖：即嵇康儿子嵇绍，字延祖。

释读

有人跟王戎说："嵇延祖卓尔不群，风姿独特，他在众人之中好像是鹤立鸡群。"王戎回答说："唉，你还没见过他的父亲呢！"

王戎的言外之意是，嵇绍已经让人觉得气质不凡，如果见过他的父亲嵇康，那就真不知道该如何赞美才是！

在嵇康身后，有资格赞美嵇康的，王戎可算是一时之选了，因为他与嵇康长年交往，以晚辈身份观察嵇康，他所说的都是第一手的印象。何况，他和嵇康都是"竹林七贤"的成员，他的话当然就更有分量了。

这也是成语"鹤立鸡群"的出处。

11 简文①云："何平叔巧累②于理，嵇叔夜俊③伤其道。"（品藻31）

释义

①简文：即晋简文帝司马昱，是晋元帝司马睿的幼子。喜欢清谈。

②累：妨碍，伤害。

③俊：通"峻"，意为峻刻。

‖ **释读**

简文帝司马昱评论说："何晏过于乖巧，反而妨碍了他对理的真切阐释。嵇康过于峻刻，也会妨碍他对道的践行。"

司马昱作为东晋时代的一位清谈家，其对何晏、嵇康的评述是有见地的。

何晏绝顶聪明、乖巧过人，却欲心过重、为人造作、违背自然，而理是质朴真率、自然而然的，故而何晏的行与知严重错位，不能做到知行合一。

至于嵇康，他懂得明哲保身之道，他的《家诫》的主要意思是言行举动"不可不慎"；他的《养生论》说"无为自得，体妙心玄"，并称这样就可以与传说中的神仙"比寿争年"了；他的《幽愤诗》说自己向往"永啸长吟，颐性养寿"的人生境界。可是，他为人做不到时时皆圆，却时而经意不经意间显示其方，刚方正直，而招惹祸患，不能完全践行他所领悟的修身养生之道。

司马昱在何晏、嵇康身后做出评论，发现他们在理论与实践的关系问题上均有错位现象，相互间没有对应好。这是司马昱知人论世的一番见解。

论人格魅力，嵇康远胜阮籍。尽管他说想学阮籍，"吾每师之，而未能及"，可设想一下，如果他真的学足了阮籍，世上只是多了一个"再版阮籍"，而不是流芳百世、令人景仰的嵇康了。

说到底，嵇康身上的血性、内心的刚毅，以及对人格洁癖的追求，是独特的，是难能可贵的。阮籍做得到的，他不能够真正做到；阮籍做不到的，他却做得十分杰出。嵇、阮并称，可并非没有区别。

嵇康有一种可贵的"大蔑视"精神。他蔑视权威，蔑视权贵，蔑视一切戕害人性的东西。自称"每非汤、武而薄周、孔"，权威不放在眼里；至于钟会之流、司马昭之辈，均是当朝权贵，更不放在眼里；表明"游心于寂寞，以无为为贵"，并以"野人"自居，实际上就是看透了司马当权者时时在戕害人性，自己绝不在此污浊之地插上一脚。他的《与山巨源绝交书》，就是一份人格洁癖自我鉴定书。

鲁迅在《魏晋风度及文章与药及酒之关系》中提出了他自己觉得很稀奇的现象：嵇康在《家诫》里教他的儿子做人要小心，还有一条一条的教训；嵇康是那样高傲的人，而他教子却十分接地气。鲁迅对此做出解释："嵇康自己对于他自己的举动也是不满足的。所以批评一个人的言行实在难，社会上对于儿子不像父亲，称为'不肖'，以为是坏事，殊不知世上正有不愿意他的儿子像自己的父亲哩。"鲁迅在这里也算是实话实说，可似乎还有进一步辨析的必要。

鲁迅提出的似乎是一个"嵇康悖论"：自己这样做，却要儿

　　子那样做，方向不同。为何是方向有异呢？每一个生命个体，都有自己选择活法的权利，父亲不能代替儿子去选择；嵇康去世时，他的儿子嵇绍才十岁，他不可能预先替代儿子选定一条与自己一样的人生之路。他深知，自己的选择有着种种的缘由与不得已，他只希望儿子在其未来的岁月里如常人一样做到谨慎为人，这是一个人处世的最大公约数；至于是取何种活法，言之尚早，还是等待儿子将来长大之后再说吧。嵇康的《家诫》是很世俗化的，就这一点而言，谁能说嵇康不通世故呢？可十分熟悉世故的嵇康最终走上一条极不世故的路，该需要多大的勇气和胆识！

　　深通世故而又极不世故，这就是嵇康。后世的鲁迅，在某种程度上也像极了嵇康。鲁迅的遗嘱写道："孩子长大，倘无才能，可寻点小事情过活，万不可去做空头文学家或美学家。"难怪鲁迅为了精研《嵇康集》，自己动手下了那么大的文献整理的功夫。

三　山涛

山涛（205—283），字巨源，西晋河内怀县（今河南武陟西南）人。

《晋书·山涛传》记载，山涛"早孤，居贫"，这一点与嵇康相似。故而，"与嵇康、吕安善"，结为好友；后来，又结识了阮籍，"便为竹林之交，著忘言之契"。山涛与阮籍、嵇康均为"竹林七贤"的核心成员。

山涛与嵇、阮不同，他活得很久，享年七十八岁，由曹魏进入西晋。在仕途上，他出仕比较晚，四十岁时才做郡主簿、功曹等职务，时在正始年间，正是曹爽得意的时期。可是，他颇有见识，预判曹爽不可长久，也明白司马懿在曹爽专横之时卧病家中的真正用意，于是大概在四十二岁时也隐居起来了，跟曹爽拉开距离。其后，曹爽果然出事，死于非命。山涛是一位知所进退的人。

山涛与司马氏有亲戚关系（司马懿夫人张氏是山涛的表亲），这是理解山涛选择其人生道路的一个关键。他略为年长于司马师、司马昭（辈分上，山涛是表舅），与他们都有不错的交情，《晋书·山涛传》记载，"魏帝尝赐景帝（司马师）春服，帝（司马师）以赐涛。又以（山涛）母老，并赐藜杖一枚"。可见，作为亲戚，司马师对山涛母子是很关心的。而司马昭对山涛也是评价颇高，并予以资助，曾经在写给山涛的信里说："足下在事清明，雅操迈时。念多所乏，今致钱二十万，谷二百斛。"故此，在政治立场上，山涛与作为曹魏女婿的嵇康会有差异，而跟阮籍有些近似。

山涛在司马昭时代出来做官，而且还举荐嵇康，此事引发嵇康写出《与山巨源绝交书》。嵇康主要是与司马昭切割，故而不得不与山涛绝交。这是他们二人交往史上的悲剧结局。而山涛为人厚道，顶着世俗的非议，在嵇康遇害之后关照嵇康儿子嵇绍的成长，这也是嵇康临终前所预料到的。可无论如何，绝交事件令人唏嘘不已，感慨万端。

司马炎掌权后，山涛在西晋政治体制内享有威信和权力，长期掌管选职；任用官员，连司马炎有时也不得不听从于他。年老之时，山涛上书告退，得享天年。

山涛是一个复杂人物。在嵇康的盛名之下，他更多的是以"山巨源"之名而为后世所知。

1 > 山公与嵇、阮一面，契若金兰①。山妻韩氏②，觉公与二人异于常交，问公，公曰："我当年可以为友者，唯此二生耳！"妻曰："负羁③之妻亦亲观狐、赵，意欲窥之，可乎？"他日，二人来，妻劝公止之宿，具酒肉。夜穿墉④以视之，达旦忘

反。公入曰："二人何如？"妻曰："君才致⑤殊不如，正当以识度⑥相友耳。"公曰："伊辈⑦亦常以我度为胜。"（贤媛11）

释义

①契若金兰：意谓成为志趣相投的朋友。"金兰"二字，语出《易·系辞上》："二人同心，其利断金；同心之言，其臭（嗅）如兰。"形容心灵相通，亲密无间。

②韩氏：山涛妻子，早年与山涛一起过"布衣家贫"的生活，以有才识著称。

③负羁：即僖负羁，春秋时曹国大夫。晋国公子重耳逃难到曹国，曹君对重耳不礼貌；僖负羁的妻子对丈夫说：据我的观察，重耳的随从狐偃、赵衰足以辅助国家，重耳将来必定在他们的帮助下回到晋国做国君。到那时候，晋国要是报复，首先会报复咱们曹国。你不妨对他们有所礼遇（事见《左传·僖公二十三年》）。负羁之妻，以有眼光而著称。

④穿墉：穿墙。墉，高墙。按：此"墉"字疑为"牖"字之误（形近而误）。因为，古代一个弱质女子，没法在夜里实施"穿墙"行为；且目的是偷看，而穿墙必定会发出声响，立即引起他人的注意，偷看就成了观看，与故事中的特定情景不合。而"穿牖"是可能的，牖（yǒu），即窗户，手指沾点水即可将窗户纸点破，如此则神不知鬼不觉，可以"达旦忘反（返）"。又，《世说新语》惑溺门第五则，写贾充女儿在窗格眼中（即"青璅"）偷看韩寿，可做旁证。故下文释读以"穿牖"来解释。

⑤才致：才华和韵致。

⑥识度：见识、气度。

⑦伊辈：意为"他们"。伊，第三人称。

释读

　　山涛与嵇康、阮籍见过一面之后，已经结为好友，心灵相通。山涛妻子韩氏，发觉丈夫跟这两位的交情超出了平常的交往，问丈夫是何原因，山涛答道："我认识嵇、阮那个时候，唯有此二人可以深交为友，别无他人了！"韩氏说："春秋时，负羁的妻子也要亲眼观察过狐偃、赵衰，然后才能判断；我也想找个机会暗中观察一下，可以吗？"改天，嵇、阮应约来到山涛家，韩氏热情招待，并劝二人在家中留宿，摆上了酒肉，让他们畅饮欢谈，不用忙着离开。入夜，韩氏在三人交谈饮酒之际，悄悄点破窗户纸，透过小孔偷看偷听，听着看着，不觉快要天亮了，还舍不得回房休息。后来，山涛入房，问韩氏："你觉得二人如何？"韩氏答道："论才华和韵致，你真是不如他们；你有见识，又有气度，正好跟他们相交为友。"山涛说："他们也常说我以气度取胜呢。"

　　这一则文字，算是《世说新语》中比较有小说意味的，情节、细节、对话相互配合，时间的推移、空间的描述都较为具体，故事也相对完整，而且有一定的戏剧性张力，画面感、立体感颇强。

　　可以看出，山涛和嵇、阮的确是"竹林七贤"中的铁三角，他们三位在"竹林七贤"里地位高、关系尤其密切，故有"契若金兰"一说。论年齿，山涛居长，生于建安十年（205）；阮籍居次，生于建安十五年（210）；嵇康居末，生于魏文帝黄初四年（223）。如此一排比，嵇康与山涛年岁相差颇大，可算是忘年交了。

　　山涛的显著特点是有气度。嵇康写了《与山巨源绝交书》，按说二人关系一定很僵，可嵇康早就看准山涛为人厚道，气量大，故而临终前嘱咐儿子嵇绍道："巨源在，汝不孤矣。"仅此而言，也可以看出嵇康与山涛的交情非同一般。

这个故事的主人公应该是韩氏，所以，列入书中的贤媛门。山涛有此贤妻，也是福分。《晋书·山涛传》特别提及韩氏，说韩氏并不嫌弃早年的山涛布衣家贫，夫妻共命，相互扶持。而山涛也十分敬重韩氏，"及居荣贵，贞慎俭约，虽爵同千乘，而无嫔媵"，足见韩氏很有人格魅力。同时，韩氏十分自律，廉洁自守，不会因为丈夫显贵而肆意妄为、炫耀摆阔、贪得无厌；而山涛以清廉著称，做到"贞慎俭约"，获得如此美誉，实有韩氏的一份功劳。

嵇、阮、山三人，就夫人而言，出身最为高贵的是嵇康夫人（曹操曾孙女），名气最小的是阮籍夫人（不知详情），而最能青史留名的就是山涛夫人韩氏了。

2> 嵇康被诛后，山公举康子绍①为秘书丞②。绍咨公出处③，公曰："为君思之久矣！天地四时，犹有消息④，而况人乎？"

（政事8）

‖ 释义

①康子绍：即嵇康儿子嵇绍，为人正直刚烈，不畏权贵；初为秘书丞，官至侍中。为护卫晋惠帝而牺牲，朝廷赐谥号"忠穆"。

②秘书丞：古代掌管文籍等事宜的官员。嵇绍有文思，故山涛举荐他出任秘书丞。

③出处：出，指出仕；处，指不进入官场（不做官）。

④消息：此处意为此消彼长的变化。

‖ 释读

嵇康遇害之后，山涛举荐嵇康儿子嵇绍出任秘书丞。嵇绍颇为犹豫，向山涛咨询在出和处两方面如何抉择。山涛说："我替你思虑很久了。天地四时，春夏秋冬尚且会循环变化，何况是人呢？"

据刘孝标注引王隐《晋书》记载，嵇绍二十八岁那年，即嵇康遇害约二十年之后（嵇绍丧父时，一说十岁，一说八岁），山涛作为掌管吏部的大员举荐嵇绍出来做官。当时，压力不小，原因是嵇绍的父亲是司马氏专权下的钦犯，一般的选官不敢使用钦犯之子。而嵇绍正是虑及于此，内心忐忑，相当犹豫，不敢贸然接受举荐。

为何山涛到了嵇绍二十八岁时给他安排工作呢？一则，嵇绍是嵇康儿子，山涛作为嵇康的朋友，负有一份道义责任。二则，山涛通过观察，判断嵇绍是一个人才，他在陈述举荐理由时说："（嵇）绍平简温敏，有文思，又晓音，当成济也。犹宜先作秘书郎。"（刘孝标注引《山公启事》）三则，嵇康一家向来清贫，嵇绍长大后，要负起养家的重任，山涛不得不考虑帮忙解决嵇家的实际问题。

山涛并非没有顾忌，否则，就不会对嵇绍说"为君思之久矣"；他有过思想斗争，可思前想后，还是觉得要举荐，总的来说，首先是出自公心，为朝廷延揽人才是他的本职工作；其次才是私人的考量。事实上，山涛有眼光，嵇绍的确是可用之才，而且其日后的表现是众所认可的；史家将嵇绍编入《晋书》的"忠义传"，也可以证明山涛当初没有用错人。

山涛的性格与嵇康有别，他有处世圆融的一面，这一点是嵇康做不到的。正是圆融，山涛才会官越做越大，年寿越来越高。

"天地四时，犹有消息，而况人乎"，这是山涛的处世哲学。

稽康临死前对儿子说："巨源在，汝不孤矣。"（《晋书·山涛传》）这句话最终是应验了。

3> 山公以器重朝望①，年逾七十，犹知管时任②。贵胜年少③，若和、裴、王之徒④，并共言咏⑤。有署⑥阁柱⑦曰："阁东，有大牛，和峤鞅⑧，裴楷鞦⑨，王济剔嬲⑩不得休。"或云潘尼⑪作之。（政事5）

||| **释义**

①器重朝望：得到（皇帝）器重且在朝廷里甚有威望。

②知管时任：主管朝廷官员的任免事宜。

③贵胜年少：门第高贵而又年轻的人。

④和、裴、王之徒：分别指和峤、裴楷、王济。

⑤言咏：言，指清言；咏，指吟咏。此处意为山涛与和峤、裴楷、王济诸人常常一起清言吟咏，结为忘年交。

⑥署：题写。

⑦阁柱：台阁柱子。

⑧鞅（yāng）：套在牲口脖子上的皮带。

⑨鞦（qiū）：套在牲口后股上的皮带。

⑩剔嬲（niǎo）：剔，通"踢"；嬲，发脾气（今粤语尚存）。剔嬲，即踢嬲，本义是指用脚踢牲口导致牲口发脾气，此处转义为惹出麻烦不断。刘孝标注引王隐《晋书》，"剔嬲不得休"作"刺促不得休"，义相近。

⑪潘尼：西晋官员，以文章知名。著名文学家潘岳的侄子。

释读

山涛得到晋武帝司马炎的器重而又在朝廷里甚有威望，年逾七十，仍然掌管着官员任免的大权。当时门第高贵而年纪尚轻的和峤、裴楷、王济诸人，常常和山涛一起清谈、吟咏，结为忘年交。可也有人看不过眼，在台阁柱子上题写谣谚，大意说："台阁东边有大牛，和峤套住牛脖子，裴楷绑住牛屁股，还有一个王济惹来事端不得休。"有人说，这是潘尼写的。

这一则故事，不妨从王济说起。王济何许人也？他是晋武帝司马炎的女婿，娶了常山公主。

《晋书·王济传》记载，王济经常制造事端，比如，司马炎的舅舅王恺有一头很名贵的牛，名叫八百里驳，连牛蹄牛角都晶莹透亮，而王济竟然以钱千万作为补偿而射杀之，取出牛心，成为震惊当时的事件。又如，和峤园子里有李树，果实上佳，就算是司马炎，和峤也只送几十枚，相当吝啬；而王济竟然趁着和峤上朝去了，率领一群少年进园大吃，吃光之后干脆把树砍掉走人。诸如此类，王济可谓是"事端制造者"。难怪谣谚说"王济剔嬲不得休"，让人发嬲，惹人生气，而且还是接连不断！

谣谚里所讽刺的人物，可分为两个层次，王济是一个层次，和峤、裴楷是另一个层次，可以说，这就是皇亲国戚与非皇亲国戚的区别。

自然，山涛在当时也算是皇亲国戚，是司马炎的（表）舅公。他是谣谚里所要讽刺的"阁东大牛"。此时，他已经迈入老景，年过七十了。《晋书·山涛传》记载，山涛本来有自知之明，一而再，再而三地请求告退，可司马炎固执地不让他退休，一定要他留守朝廷。一篇山涛的传记，关于"苦表请退，诏又不许"的内容竟然占了不少篇幅。年已古稀的山涛，这头"老黄牛"做得很吃力，而且不一定讨好，因为掌管任免官员，涉及复杂的人事和利益关系，一碗水难以端平，这一则文字里的谣谚大概是其政敌编出来的。

刘孝标注引王隐《晋书》，说这首谣谚是潘岳作的，原因是潘岳对负责吏部的山涛心怀不满，"内非之"，满肚子嘀咕，连带对王济、裴楷等人也有意见。还有一个背景是，潘岳"才名冠世，为众所疾"，故而"负其才而郁郁不得志"；恰好形成对比的是，山涛等人在司马炎时代"为帝所亲遇"，炙手可热。该谣谚归属潘岳，大致可信（《晋书·潘岳传》也采用此说）。至于说是潘岳的侄子潘尼所作，可能是误传。

至于"并共言咏"，可以视为"竹林七贤"之风的延续。遥想还是曹魏时代，山涛经常与阮籍、嵇康一起清谈；可嵇、阮已逝，和峤等人于是就成了山涛在清谈方面的伴侣。和峤的偶像是正始时期的清谈高手夏侯玄，他又是夏侯玄的外甥；裴楷以清通著称，长于清谈；王济"善《易》及《庄》《老》，文词俊茂"，他还是和峤的内弟。他们关系密切，又有共同语言，被视为政治团伙，也是有其缘由的。

4 山公大儿①着短帢②，车中倚。武帝欲见之，山公不敢辞，问儿，儿不肯行。时论乃云胜山公。（方正15）

释义

①山公大儿：即山涛长子山该，字伯伦，官至左卫将军。

②短帢（qià）：一种简易的帽子。据说，为曹操首创，原

因是当时物资短缺，参照古时的皮弁（biàn，帽子）形制而做（《三国志·武帝纪》裴注引《傅子》）。

|| 释读

山涛长子山该，一次，头戴着短帢倚靠在车中。晋武帝司马炎想见他，山涛在场，不敢推却，连忙叫儿子下车，而山该怎么也不肯下来。此事传开了，人们议论山该在礼仪方面比其父亲还要胜一筹。

据刘孝标注引《晋诸公赞》，说山该其人不简单，"雄有器识，仕至左卫将军"，可见他也享有令誉，自有主见，注重举止行为，以得体切当为要。余嘉锡先生指出："详其文义，（山）该所以不肯行者，即因着帢之故，别无余事。"（《世说新语笺疏》）即头戴短帢，不是正规装束，不宜见皇帝；仅此而已，没有别的意思。

这是一件很小的事情。山该是谨慎的，而山涛本来想顺从皇帝的意思，故此"不敢辞"，也是另一种谨慎。不过，撇开君臣关系，他们几位可算是亲戚，或许山涛也好，晋武帝也好，念在亲戚的份儿上，不那么讲究，也未可知。所以，格外讲究的正是山该。

5 ▷ 王夷甫父乂①为平北将军，有公事，使行人论②，不得。时夷甫在京师，命驾见仆射羊祜③、尚书山涛。夷甫时总角④，姿才秀异，叙致⑤既快，事加有理，涛甚奇之。既退，看之不辍⑥，乃叹曰："生儿不当如王夷甫邪？"羊祜曰："乱天下者，必此子也！"（识鉴5）

释义

①王夷甫父乂（yì）：王夷甫，即王衍。王衍父亲王乂，字叔元，时任平北将军，都督幽州诸军事，其治所在北平（今河北遵化）。

②使行人论（lún）：派遣使者入朝递上公文，等候列入议程。论，此处意为编排、列入，与《论语》的"论"同义。《晋书·王衍传》记载："父乂，为平北将军，常有公事，使行者列上，不时报。"可见，"论"即"列上"，而"不时报"即没有及时上报朝中的主管大员，也就是本文中所说的"不得"。

③羊祜（hù）：字叔子，是司马师羊皇后的同母弟，是"国舅"；深得司马昭、司马炎父子的信任和重用。

④总角：意为尚未成年。总角，是未成年的发式，把头发梳成发髻，左右各一，其状如角。

⑤叙致：魏晋时的常用语，意为说话有条理、层次清晰，侃侃而谈。当时重视清谈，"叙致精丽""叙致清雅"等，表现出一个人的话语功力。

⑥看之不辍：不停地看着。此处指山涛一直目送着王衍远去。不辍，不停。

释读

王衍的父亲王乂，出任平北将军，有公务文书，派遣使者入朝呈送，等候列入议程，却没有收到回音。当时，王衍在京师，王乂命他坐车去见仆射羊祜、尚书山涛。王衍尚未成年，已经显得风姿不凡、才华出众；说话有条理、层次清晰，侃侃而谈，快而流利，事实与道理相辅相成，山涛听后，甚为惊异。王衍说完，告辞退出，山涛一直目送其身影远去，赞叹道：

"生儿不当如王夷甫邪？"可羊祜持相反看法："乱天下者，必此子也！"

论性质，这是一个父亲让儿子帮自己"走后门"的事件。

或许，作为西晋政坛上的著名人物，王衍正是借助这一次的"走后门"而首次闪亮登场。他颇入山涛的法眼，而山涛是主管任免官员的朝中大人物。王衍日后仕途通达，可能与这一次的出色表现多少有些关系。

这从一个侧面反映出山涛的职业敏感。发现人才，是他的本职工作，哪怕是一个总角少年，他也会加意观察，不错失任何一个可造之材。

至于羊祜的判断，与山涛相反。事实上，王衍是西晋历史上的一个反面角色；就这个故事而言，论预见性，是羊祜胜，山涛败。

不过，历史很有趣，有时还要多看看，不宜太早下结论。《晋书·王衍传》记载，王衍"总角尝造山涛，涛嗟叹良久，既去，目而送之曰：'何物老妪，生宁馨儿！然误天下苍生者，未必非此人也。'"姜还是老的辣，照此一说，山涛也没错！

6 ▷ 晋武帝讲武于宣武场①，帝欲偃武修文②，亲自临幸，悉召群臣。山公谓不宜尔，因与诸尚书言孙、吴③用兵本意。遂究论，举坐无不咨嗟④。皆曰："山少傅乃天下名言。"后诸王⑤骄汰⑥，轻遘⑦祸难，于是寇盗处处蚁合⑧，郡国⑨多以无备，不能制服，遂渐炽盛，皆如公言。时人以谓山涛不学孙、吴，而闇与之理会⑩。王夷甫亦叹云："公闇与道合。"（识鉴4）

释义

①宣武场：在洛阳宣武观之北，练兵的操场。

②偃武修文：停止武备，提倡文教。偃，停止，停息。

③孙、吴：指孙武、吴起；前者是春秋时期的军事家，著有《孙子兵法》；后者是战国时期的军事家，著有《吴子》。

④咨嗟：此处意为赞叹。

⑤诸王：指西晋时期，司马炎大封皇族，司马氏王侯众多，互相争夺权力，纷纷内斗，史称八王之乱，并导致西晋政权在不太长的时间内覆灭。

⑥骄汰：过度骄纵。汰，指过度。

⑦遘（gòu）：通"构"，造成，结成。

⑧蚁合：如蚂蚁一样群聚。

⑨郡国：魏晋时期，"郡"直辖于朝廷，"国"则是指诸侯王的属地。此处指各地郡县封国。

⑩闇（àn）与之理会：意为其所言与孙、吴的军事理论暗合。闇，通"暗"。

释读

晋武帝司马炎在宣武场谈论武备问题。他打算弱化武备，强化文教，因为这是很重要的国策宣示，故而亲自来到宣武场，也把众大臣全部召集起来。山涛听完之后，认为皇帝所说有其失宜之处；因而跟众位尚书谈论孙武、吴起的用兵之道，越谈越深入，在座的人无不赞叹、佩服。大家都说："山少傅所论，真是天下名言。"后来，宗室王侯各自骄纵，越做越过分，动不动就爆发祸端，相互厮杀，而各地的盗寇纷纷趁乱聚合，祸上加祸；由于弱化了武备，各地郡县封国不足以制服动乱，祸患渐趋严重，不可收拾。这样的后果，一如山涛当初所料。当时的人议论说"山涛不以研究孙、吴兵法出名，而谈论起兵法来每每跟孙、吴兵法暗合"。卒于西晋末年的王衍也赞叹道："山公所言，暗合治兵之道。"

山涛论兵，当在其做太子少傅时期，故人称"山少傅"。《晋书·山涛传》记载，"咸宁初，（山涛）转太子少傅"。咸宁，是晋武帝司马炎的第二个年号，第一个年号是泰始（266—274）；而咸宁（275—279）是司马炎正要巩固权力的时期。司马炎大概认为，此时国基已立，正是偃武修文、步入国家正轨的时候，如果再加强武备，在兵农合一的格局内，则不利于发展农耕业，不利于民生。按说，这是合乎逻辑的做法，与"文景之治"的思路相似。可是，山涛敏锐地意识到，片面弱化武备不可取，故而不完全赞同司马炎的意见。

《孙子兵法·始计篇》说："兵者，国之大事，死生之地，存亡之道，不可不察也。"除了强调武备的重要性，还说"计利以听，乃为之势，以佐其外；势者，因利而制权也"。大概山涛是从一般性的角度说明军备不可忽视、军事不可失势的道理。西晋政权只是接了曹魏的盘，距离三国纷争为时不远，山涛所论，大概也是从大局着眼的，未必与西晋日后的内部权斗挂钩。山涛去世时，司马炎尚在，那时还没有诸王不可一世的情形。所以，"后诸王骄汰，轻遘祸难"云云，说得山涛料事如神，这只是后人的附会之言。

我们不必过高估计山涛所论的预见性。他不太可能预见他身后会出现八王之乱这类毁灭性的历史事件；出现八王之乱也不完全是因为弱化武备触发的。这本来是一个政权结构性问题，相当复杂，此处不赘。

山涛在司马炎宣示国策之后，"因与诸尚书言孙、吴用兵本意"，可见他平时是读过《孙子兵法》或《吴子》的，故原文说"山涛不学孙、吴"，不能够仅从字面上理解，而应该回到当时的语境看，即彼时的人都知道山涛精研《老》《庄》，是清谈专家，不以研究孙、吴著称，可是，在谈论孙、吴时，也能说得头头是道，这才是让人们觉得意外并且表示佩服的原因。

山涛于《老》《庄》之外，还懂得军事。他不仅仅是名士那么简单。他以其辈分和资望敢于向皇帝提出异议，可知在朝中的地位非同一般。

7> 山司徒①前后选，殆②周遍③百官，举无失才。凡所题目④，皆如其言。唯用陆亮⑤，是诏所用，与公意异，争之不从。亮亦寻⑥为贿败。（政事7）

|| 释义

①山司徒：即山涛。司徒，是古代职位极高的官阶，属于"三公"之一。

②殆：几乎。

③周遍：遍及。

④题目：此处指对人选的品题、评语。

⑤陆亮：字长兴，晋河内野王（今河南焦作沁阳）人。是西晋权臣贾充故意安插到吏部的亲信。

⑥寻：没过多久。

释读

山涛前后两次掌管任免官员的权责，所选几乎遍及百官，他所选拔的官员，没有选拔不当的；凡是山涛对人选提出的评议，从事后表现看都是准确的。唯有一个例外，就是陆亮，是皇帝亲选，山涛本有异议，也争辩过，可皇帝不听。结果，没过多久，陆亮出事了，因为受贿而被免职。

据刘孝标注引《晋诸公赞》，可知陆亮入吏部事件是山涛官宦生涯的一条分界线。他本来是"为左仆射领选"，掌管吏部（正是此时，陆亮被贾充安插进吏部，出任吏部尚书；皇帝的意见其实就是贾充的意见。而山涛不同意陆亮在吏部任职，指出他不是选官之才）；陆亮入吏部事件发生后，陆亮成为吏部尚书，山涛"乃辞疾还家"。再后来，陆亮被罢免（做事不公允，"坐事免官"），即所谓"寻为贿败"的内情。司马炎大概也知道错用陆亮，执意让山涛复出，并考虑到其年事已高，特别安排"舆车舆还寺舍"，即有专车接送；山涛"辞不获已，乃起视事，再居选职十有余年"，即重新掌管官员的任免（《晋书·山涛传》）。于是，就有了"山司徒前后选"的经历。

山涛有主见，能够坚持原则，又善于"甄拔隐屈，搜访贤才"（《晋书·山涛传》），所以，司马炎先后两次将选拔官员的重任交给他。山涛以自己与司马氏祖孙三代人的交情，且兼皇亲国戚的身份，其后半生与司马氏政权紧密相连，成为当朝显贵。

这是嵇康写《与山巨源绝交书》时未必都能预想到的。

8 王戎目①山巨源："如璞玉浑金②，人皆钦③其宝，莫知名④其器⑤。"（赏誉10）

‖ 释义

①目：看，判断。用为动词。

②璞玉浑金：未琢之玉，未炼之金。形容一个人有内秀之美，而不太外露。

③钦：钦敬。

④名：命名。用为动词。

⑤器：本指器物，此处代称山涛其人。

‖ 释读

王戎对山涛有如下判断："如未琢之玉，如未炼之金；人人都钦敬他，以之为宝，可又不知道用什么名称来定义他。"

的确，山涛是一个很难定义的人。他是名士，可不是只会说不会做的清谈家；他是"竹林七贤"的核心人物之一，这些人以清高著称，可山涛毕竟后来出仕，做官去了，而且官越做越大；他是精研《老》《庄》的专家，可对于军事也颇为懂行，如此等等，真是"莫知名其器"了。

值得注意的是，王戎本人也是"竹林七贤"的人物之一，他的说法似乎是在为山涛辩诬。所谓"璞玉浑金"云云，说得直白一点，就是并非纯粹之玉，亦非精美之金，含有不少杂质。山涛出来做官，在当时肯定会引起争议，嵇康写《与山巨源绝交书》，可以说明山涛在清流之中处境难堪。或许，这就是某些人所说的杂质。可是，王戎指出，有杂质正是山涛的特质，人无完人，只要他不做坏事，"人皆钦其宝"，即山涛有山涛的存在价值。至少王戎是这么看的。

刘孝标注引东晋大画家顾恺之的看法："（山）涛无所标明，淳深渊默，人莫见其际，而其器亦入道。故见者莫能称谓，而服其伟量。"一是"淳深渊默"，一是"见者莫能称谓"，这些说法都与王戎相近。可见，王戎的判断是得到后世人如顾恺之等的认同的。

9> 人问王夷甫："山巨源义理何如？是谁辈^①？"王曰："此人初不肯以谈^②自居，然不读《老》《庄》，时闻其咏，往往与其旨合。"（赏誉21）

‖ 释义

①谁辈：字面意思是属于哪一辈，此处指跟哪些人差不多，属于哪一个等级。

②谈：特指魏晋时期盛行的清谈，话题多从《老》《庄》等书而来，因为强调思辨，有玄学意味，又称谈玄。

‖ 释读

有人问王衍："山巨源在清谈的义理方面达到何种程度呢？大概跟哪些人旗鼓相当呢？"王衍答道："此人当初不肯以善于清谈自居，尽管如此，他的妙处在于，好像不读《老》《庄》，不时听到他的吟咏，其意趣往往跟《老》《庄》的旨趣相合。"

王衍是山涛的晚辈，他对山涛是有所知，也有所不知。

据《晋书·山涛传》记载，山涛"性好《庄》《老》，每隐身自晦。与嵇康、吕安善，后遇阮籍，便为竹林之交，著忘言之契"。这就说得很清楚，山涛熟读《庄》《老》，根本没有"不读《老》《庄》"这回事，王衍是在信口开河。而且，论清谈的功力，山涛与嵇、阮等是旗鼓相当的，否则，他们就不会结为"竹林之交",成为"竹林七贤"的核心人物,并以"著忘言之契"为乐。嵇、阮都是眼睛长在额头上的人,能看得起的人不多,而与山涛交好,可见山涛绝非等闲之辈。对于"是谁辈"这个问题,王衍没有回答;其实,了解"竹林七贤"的人,大可不必有此一问。

若说王衍不懂山涛,也不全是。他起码跟山涛有过直接的接触,多少感受过山涛为人处世的特点和风范,那就是低调。山涛不爱出风头,为人内秀,《庄》《老》的旨趣化入自己的血脉之中,故而往往不经意间的言谈吟咏也能够流露出他在《庄》《老》义理方面的高深造诣,只不过不像某些人处处引用《庄》《老》的语句而已。这大概是王衍所说的"时闻其咏,往往与其旨合"的原意。

话又说回来,深谙《庄》《老》义理的山涛与嵇康不同,与阮籍也不同。嵇康压根儿不想做官,阮籍做官也做得吊儿郎当,山涛可不是,他要么不做官,真要做起官来却做得有板有眼,甚至做得轰轰烈烈,乃至于很较真,不惜跟皇帝叫板。换言之,要么不入世,一决定入世为官,则全副身心投入进去,那些《庄》《老》义理似乎抛到九霄云外了。

山涛是古代从士人转化为士大夫的一个复杂而典型的标本。说到底,王衍还真没有彻底理解山涛;他的回答,只是皮毛之见而已。

论人格魅力，嵇康远胜阮籍。尽管他说想学阮籍，"吾每师之，而未能及"，可设想一下，如果他真的学足了阮籍，世上只是多了一个"再版阮籍"，而不是流芳百世、令人景仰的嵇康了。

说到底，嵇康身上的血性、内心的刚毅，以及对人格洁癖的追求，是独特的，是难能可贵的。阮籍做得到的，他不能够真正做到；阮籍做不到的，他却做得十分杰出。嵇、阮并称，可并非没有区别。

嵇康有一种可贵的"大蔑视"精神。他蔑视权威，蔑视权贵，蔑视一切戕害人性的东西。自称"每非汤、武而薄周、孔"，权威不放在眼里；至于钟会之流、司马昭之辈，均是当朝权贵，更不放在眼里；表明"游心于寂寞，以无为为贵"，并以"野人"自居，实际上就是看透了司马当权者时时在戕害人性，自己绝不在此污浊之地插上一脚。他的《与山巨源绝交书》，就是一份人格洁癖自我鉴定书。

鲁迅在《魏晋风度及文章与药及酒之关系》中提出了他自己觉得很稀奇的现象：嵇康在《家诫》里教他的儿子做人要小心，还有一条一条的教训；嵇康是那样高傲的人，而他教子却十分接地气。鲁迅对此做出解释："嵇康自己对于他自己的举动也是不满足的。所以批评一个人的言行实在难，社会上对于儿子不像父亲，称为'不肖'，以为是坏事，殊不知世上正有不愿意他的儿子像自己的父亲哩。"鲁迅在这里也算是实话实说，可似乎还有进一步辨析的必要。

鲁迅提出的似乎是一个"嵇康悖论"：自己这样做，却要儿子那样做，方向不同。为何是方向有异呢？每一个生命个体，都有自己选择活法的权利，父亲不能代替儿子去选择；嵇康去世时，他的儿子嵇绍才十岁，他不可能预先替代儿子选定一条与自己一样的人生之路。他深知，自己的选择有着种种的缘由与不得已，他只希望儿子在其未来的岁月里如常人一样做到谨慎为人，这是一个人处世的最大公约数；至于是取何种活法，言之尚早，还是等待儿子将来长大之后再说吧。嵇康的《家诫》是很世俗化的，就这一点而言，谁能说嵇康不通世故呢？可十分熟悉世故的嵇康最终走上一条极不世故的路，该需要多大的勇气和胆识！

深通世故而又极不世故，这就是嵇康。后世的鲁迅，在某种程度上也像极了嵇康。鲁迅的遗嘱写道："孩子长大，倘无才能，可寻点小事情过活，万不可去做空头文学家或美学家。"难怪鲁迅为了精研《嵇康集》，自己动手下了那么大的文献整理的功夫。

四 向秀

　　向秀（约227—272），字子期，三国魏河内怀（今河南武陟西南）人。魏晋之际著名的文学家、哲学家，是"竹林七贤"的主要人物之一。

　　向秀在哲学史上占有一席之地，他注《庄子》，见解精辟，影响深远，其研究成果得到西晋玄学家郭象的借鉴、吸收并发扬光大，世传《庄子》郭象注，一般认为含有向秀的注《庄》心得。可惜的是，向秀的原稿已经失传。

　　向秀也擅长文学创作，存世作品不多，最出名的是收入了梁萧统所编《文选》的抒情小赋《思旧赋》，其所思的对象是旧日好友，同时遇害的嵇康和吕安；篇幅虽短，而情文并茂。他还有一篇《难嵇叔夜养生论》，附在《嵇康集·养生论》之后。

　　向秀与山涛同郡，"少为山涛所知"，《晋书·向秀传》记载："（向秀）后为散骑侍郎，转黄门侍郎、散骑常侍，在朝不任职，容迹而已。卒于位。"他显然得到了当时主管吏部的山涛的格外关照。

1 初，注《庄子》者数十家，莫能究其旨要①。向秀于旧注外为解义，妙析奇致②，大畅玄风③。唯《秋水》《至乐》二篇④未竟而秀卒。秀子幼，义遂零落⑤，然犹有别本⑥。郭象⑦者，为人薄行，有俊才。见秀义不传于世，遂窃以为己注。乃自注《秋水》《至乐》二篇，又易⑧《马蹄》一篇⑨，其余众篇，或定点文句⑩而已。后秀义别本出，故今有向、郭二《庄》，其义一也。（文学17）

释义

①旨要：即要旨、主旨。

②妙析奇致：析义精妙，阐发出原书奇特的韵致。

③玄风：谈玄之风。

④《秋水》《至乐》二篇：《庄子》外篇的篇名，排序为第十七篇、第十八篇。

⑤零落：喻埋没。

⑥别本：别人的抄本。

⑦郭象：西晋哲学家，字子玄，河南（治今河南洛阳东）人。官至黄门侍郎、太傅主簿。好老庄，善清谈。对向秀所注《庄子》，述而广之，作《庄子注》。

⑧易：调换，更换。

⑨《马蹄》一篇：《庄子》外篇的篇名，排序为第九篇。

⑩定点文句：意为改订文句。定，即订正；点，指涂改的墨点。

释读

起初，注释《庄子》的学者有数十位，没有一位能够穷尽该书的主旨。向秀对于已有的旧注相当熟悉，他不拘泥于这些旧注而别为新解，析义精妙，阐发出原书奇特的韵致，谈玄之风因而更为盛行。可惜的是，《秋水》《至乐》二篇的注释尚未完稿，向秀就去世了。他的儿子年纪还小，未能继承父业，向秀注《庄》的精义逐渐不为人知，有所埋没，然而幸好存有别人的抄本。有一个人叫郭象，为人薄行，却有俊才，见到向秀所阐发的精义不为人知，于是窃为己有，将"向注"变为"郭注"；因为《秋水》《至乐》二篇的"向注"尚未完稿，郭象加以补注；又将《马蹄》一篇的"向注"更换过，其余各篇，只是在文句上稍加改订而已。后来，出现了"向注"《庄子》的别人抄本。故而如今有"向注"《庄子》和"郭注"《庄子》，里面的析义是一样的。

这是一起学术史公案。

依照这一则文字的说法，可知在编写《世说新语》的刘宋时代，"向注"《庄子》和"郭注"《庄子》是并存于世的。只是此后随着时间的推移，一度被埋没的"向注"《庄子》终于还是失传了，留下来的是"郭注"《庄子》。

从常理而言，"郭注"《庄子》流传于世，一定有其可以传世的理由。就算是郭象剽窃了"向注"，但是"郭注"不等同于"向注"，大概是"郭注"含有郭象的思考和贡献。所以，"今有向、郭二《庄》，其义一也"的说法，有成见和偏见在内，不一定是事实。

刘孝标注引《向秀别传》说，向秀与嵇康、吕安虽为好友，但兴趣有别：向秀勤奋读书，细注《庄子》，追求甚解，而嵇康、吕安认为他是书呆子，该玩的时候不好好玩，《庄子》这部书何须下死功夫去注！从学术史而言，王弼注《老子》，向秀注《庄子》，都属于"好读书而求甚解"，并产生一定的影响。可是，嵇康、吕安的读书态度与此不同，他们采取得意忘言的阅读策略，不求甚解。东晋陶渊明之"好读书不求甚解"，可能是渊源于嵇康、吕安的。

而作为学者的向秀，据《向秀别传》说，他将自己的注《庄》成果拿给嵇康、吕安看，嵇康问吕安："阁下能够厉害过子期吗？"吕安认真读过，惊呼："庄周不死而永生！"言外之意是，向秀让《庄子》此书活起来了。

2> 嵇中散既被诛，向子期举①郡计②入洛③，文王引进，问曰："闻君有箕山之志④，何以在此？"对曰："巢、许⑤狷介之士⑥，不足多慕。"王大咨嗟⑦。（言语18）

‖ **释义**

①举：（被）举荐。

②郡计：郡计吏的省称。《晋书·向秀传》记载："（嵇）康既被诛，（向）秀应本郡计入洛。"即向秀应岁举，被举荐为河内郡计吏，并以此身份入京。计吏，是负责本郡计簿（上报本郡钱谷、税收、户口等情况）的官吏，定期上京呈交计簿给朝廷。刘孝标注引《向秀别传》："后（嵇）康被诛，（向）秀遂失图。乃应岁举，到京师，诣大将军司马文王。"可以参考。

③洛：即当时的京师洛阳。入洛，指向秀从河内郡到京师。

④箕山之志：指隐逸山中的志向。箕山，山名，在今河南登封市东南。

⑤巢、许：即巢父、许由。相传是尧时的高士，不慕权位，避之唯恐不及，故而入山隐居。据说，隐居地为箕山。

⑥狷（juān）介之士：指洁身自好、耿介不阿的人。

⑦王大咨嗟：意为晋文王司马昭大为嗟叹。王，此处是文王的省称。

释读

稽康遇害之后，向秀被推举为河内郡计吏，并以此身份入京；司马昭得知向秀来到洛阳，命人引进，与之见面。司马昭问："我听说阁下有箕山之志，可今天到这里来，到底是怎么回事呢？"向秀回答道："巢父、许由这类人，自命清高，狷介自爱，也没什么可羡慕的。"司马昭听毕，大为嗟叹。

向秀在稽康被杀前，经常和他在一起，还帮助拉动风箱，陪伴稽康打造铁器；也跟阮籍、山涛等人多有往来，时常清谈。故而，与阮籍、山涛相熟的司马昭对向秀其人早有耳闻，大概也想会一会这一位颇有名气的"竹林人物"。既然他来了，那就安排见上一面。

见面的时候，估计说过不少话，但是没有都记录下来，只是记下了这么一小段。司马昭的问话显然别有居心，话题有点刁钻，被问者若一不小心，会掉进话语的陷阱里去。可向秀毕竟是才学之士，反应机敏，也不忸怩作态，话说得比较直白，估计还有点出乎司马昭的意料。司马昭本来以为，像向秀这类人，应该是很爱面子的，问的是"出处之间"的大问题，你以前采取"处"即隐居的态度，现如今却转为"出"即终于出来为司马氏政权服务了，看你怎么解释。可向秀的话语策略是不为自己辩护，直截了当，说所谓的箕山之志也不足多慕；既然不足多慕，就避开了箕山之志这个话语焦点，变被动为主动，顿时化解了尴尬。

向秀的脸皮有点厚，就是"厚黑学"里的"厚"。反正已经到了这个份上，自我辩解是愚蠢不智的，干脆毫不遮掩，在司马昭面前否定了箕山之志。《晋书·向秀传》的记载略有差异："巢许狷介之士，未达尧心，岂足多慕。"参照此语，可知"未达尧心"四字才是关键，换言之，向秀认为，尧是儒家极为推崇的圣人，巢父、许由与尧的距离不小，不能达至尧的境界，没有什么值得羡慕和效法的，"岂足多慕"一句，用的是设问语气，更为传神。

请注意，向秀采取了话语转换的技巧。因为，《老》《庄》是向秀等清谈家常用的典籍，箕山之志也是与道家话语相通的，都表明避世的态度；然而，在司马昭面前，可不能使用道家话语，应该活用儒家典故，司马氏父子以儒学传人自居，一句"未达尧心"，迅速进入儒学语境，难怪《晋书·向秀传》说，司马昭听完之后，"帝甚悦"，即相当满意了。

而"帝甚悦"与"王大咨嗟"是有微妙差异的。后者偏重于形容司马昭发自内心的感慨和隐含着的得意。曾几何时，向秀不是跟嵇康打得火热吗？怎么嵇康死了你向秀就转向了呢？其实，向秀怎么回答，在司马昭看来也并不十分重要，重要的是你这个人已经来到了我的跟前。故而，论描写司马昭的神态，"王大咨嗟"显得更妙。

做了河内郡的计吏，大概是向秀步入仕途的开始；后来，步步高升，转为散骑侍郎，升至黄门侍郎、散骑常侍，而且，"在朝不任职"，领着俸禄不怎么干活，最后卒于位，这日子过得如此潇洒，大概九泉之下的嵇康无论如何也是想不到的。

3 刘尹①、王长史②同坐，长史酒酣起舞。刘尹曰："阿奴③今日不复减向子期。"（品藻44）

释义

①刘尹：即刘惔（dàn），字真长，做过丹阳尹，故称。东晋时人，与王濛是好友。

②王长史：即王濛，字仲祖，做过司徒左长史，故称。东晋时人，与刘惔是好友。

③阿奴：魏晋时，平辈之间的昵称，此指王濛。

释读

一天，刘惔、王濛在一起，王濛喝酒喝得兴起，站起来跳舞。刘惔说："阿奴今日的风姿跟当年的向子期差不多啊。"

这是一则跟向秀有关的文字，折射出向秀性格的某个侧面：原来，向秀不完全是一个书呆子，他高兴起来，也会手舞足蹈，风姿洒脱，并成为故事，是后世的谈资之一。

作为东晋时期的人物，刘惔看到王濛面红耳热地跳起舞来，马上联想到"竹林七贤"之一的向秀，可知向秀的名气的确很大，其酒后跳舞的故事流传久远。

爱音乐，喜跳舞，用今天的话说，是有文艺范儿。"竹林七贤"的精神生活多姿多彩，以勤奋读书著称的向秀也不例外。

　　向秀与嵇康走得很近，人们熟悉的是他在大树底下拉风箱协助嵇康打铁的画面，这好像就是他的定格照片了。

　　人们也许不太留意嵇康遇害后向秀的行踪。

　　向秀毕竟也出来做官了，而且官运不错，境遇颇佳，"在朝不任职，容迹而已"，这种待遇不是什么人都可以有的，只因为他是向秀。

　　在某种程度上说，向秀入京，愿意去见司马昭，已经意味着司马昭赢了。须知，向秀见司马昭的时候不外是河内郡的计吏；可是，见过司马昭之后，向秀入朝了，官做得不算小，好歹是黄门侍郎、散骑常侍。这其中的官运，不排除有山涛关照。向秀从小就得到山涛的赏识，而且有同郡之谊，又同属"竹林七贤"。可是，这是司马昭的天下，山涛再悉心照料，没有司马昭的默许，可以做得到吗？反正，司马昭的用心，生前一直被司马昭格外照顾的阮籍是清楚的，估计向秀那么聪明，也不会不清楚。向秀也好，阮籍也罢，只要不公开与司马氏作对，干活也好，不干活也好，都可以，朝廷养起来。这才是"在朝不任职，容迹而已"的内情。

　　同属"竹林七贤"，山涛入朝后很卖力，十分投入；而向秀显然是消极怠工，看来连"做一天和尚撞一天钟"也不是，大概属于做和尚而不撞钟，找个岗位待着，领一份俸禄，得过且过。主要的区别在于，他不像山涛，跟司马氏有着特殊关系；向秀本来就不会对司马氏政权有多少认同意识；所谓"在朝不任职"，意味着他仍然心存芥蒂，抱持看法，还有不得已的苦衷。

五
刘
伶

刘伶（生卒年不详），字伯伦，西晋沛国（今安徽濉溪西北）人。其人以容貌甚陋和放情肆志著称。西晋初年（泰始年间）尚在世，是由曹魏入西晋的名士。

刘伶在文学史上留下了一篇《酒德颂》，文笔恣纵，颇显个性，有《庄子》遗风。与阮籍、嵇康结为好友，是"竹林七贤"的主要人物之一。

刘伶在曹魏时期，曾经做过建威参军。进入西晋后，他并未失去政治热情，向朝廷献策，"盛言无为之化"，即希望朝廷提倡老庄哲学，但没有得到向来倡导儒学的司马氏政权的接纳；于是，"独以无用罢"，当政者将他排挤出体制外。尽管与西晋的官场无缘，但刘伶"以寿终"，得以享其天年。

《晋书·刘伶传》说，刘伶"初不以家产有无介意"，不事生产，看来也并非清贫。他能够在"独以无用罢"的环境里活下来，说明他还是有办法安排生活的。

1> 刘伶著《酒德颂》①，意气②所寄。（文学69）

‖ **释义**

①《酒德颂》：见《晋书·刘伶传》。篇幅虽短，但塑造了一个"行无辙迹，俯视万物"的"大人先生"形象，可以视为刘伶的心灵自传。

②意气：此指《酒德颂》所寄托的不羁之意和超迈之气。

‖ **释读**

刘伶著《酒德颂》，寄托了他的不羁之意和超迈之气。

史家很重视刘伶的《酒德颂》，将它录入《晋书·刘伶传》里，占据了一半的篇幅。

这篇名文，以"有大人先生"一句领起，描述这位先生过的是"行无辙迹，居无室庐，幕天席地，纵意所如"的生活；他服膺于《庄子》的哲学，以《齐物论》的视野观照人生，"以天地为一朝，万期为须臾"，一切都是相对的，没有绝对可言。如果说，要有绝对的话，只有一件："唯酒是务，焉知其余。"作者于此点题。接着，笔锋一转，说有一些"贵介公子"之类的人，对这位大人先生肆意攻击，"乃奋袂攘襟，怒目切齿，陈说礼法，是非蜂起"，一时浊浪袭来，大有势不可当的来头，可是，大人先生照饮不误，不予理睬，"无思无虑，其乐陶陶"。字里行间，洋溢着刘伶式的不羁与超迈。

所谓酒德，就是它令人"不觉寒暑之切肌，利欲之感情"。换言之，在酒的陶醉之下，人超越了是非、得失与利害，成为独立于天地之间的大人先生，俯视万物，傲然自得。

《酒德颂》里的大人先生与阮籍《大人先生传》中的大人

先生有同有不同。相同的是，二者都是《庄子》哲学的传人，阮籍版的大人先生"应变顺和，天地为家，逍遥以永年"，刘伶版的大人先生"居无室庐，幕天席地，无思无虑，其乐陶陶"，意趣接近，精神相通。不同的是，阮籍版的大人先生说的多是形而上的话语，而刘伶版的大人先生颇接地气，不避粗俗，更是突出了酒的德行。前者偏于雅，后者偏于俗。

刘伶式的不羁与超迈，即是《酒德颂》的"意气所寄"。这位极有个性的酒徒，传世作品甚少，一篇《酒德颂》足以入文学史，正是"以少少许胜多多许"的典型案例。

2> 刘伶病酒①，渴甚，从妇②求酒。妇捐③酒毁器，涕泣谏曰："君饮太过，非摄生之道，必宜断之！"伶曰："甚善。我不能自禁，唯当祝鬼神，自誓断之耳！便可具酒肉。"妇曰："敬闻命。"供酒肉于神前，请伶祝誓。伶跪而祝曰："天生刘伶，以酒为名④，一饮一斛，五斗⑤解酲⑥。妇人之言，慎不可听。"便引酒进肉，隗然⑦已醉矣。（任诞3）

释义

①病酒：因酗酒致病，多指神志不清。

②妇：此指刘伶之妻。

③捐：舍弃，抛弃。

④以酒为名：即以酒为命。古代"名"与"命"通用。

⑤五斗：即一斛，古代曾以十斗为一斛，后又以五斗为一斛。

⑥解酲（chéng）：解除酒病。酲，指酒病（如神志不清）。

⑦隗（wěi）然：倾倒的样子。

‖ 释读

刘伶酗酒，神志不清，胡言乱语，病得不轻；口渴，又想喝酒，恳求妻子拿出酒来。他的妻子见他喝酒喝出病来，把酒倒了，将酒器毁掉，下决心不让他再喝。其妻哭着对刘伶说："你饮酒过度，违背养生之道，必须戒酒！"以此来规劝丈夫。刘伶道："你说得太对了。可是，我没有自制能力，只有求助于鬼神，让鬼神来监督，我要对鬼神发誓戒酒。你赶快准备好拜神的酒肉吧。"其妻一听，觉得有理，说："好，我立即准备。"随后，在神台上供奉酒肉，请刘伶发誓。只见刘伶跪在地上，念念有词，四字一句，发誓道："天生刘伶，以酒为名，一饮一斛，五斗解酲。妇人之言，慎不可听。"说完，大杯喝酒，大块吃肉，又喝得酩酊大醉，倒在地上。

一个人，内心该有多痛苦，才能喝到刘伶这个程度。须知，写得出《酒德颂》的刘伶，思维正常，思路清晰，文笔纵横恣肆，意态跌荡起伏，是魏晋时期的才子之一。他是一位有思想、有独立见解的士人，可又弄得自己三魂丢了七魄似的，胡言乱语，浑浑噩噩，过着天昏地暗的日子，呈现出一种病态。书里的描述或许有些夸张，但是，刘伶的放浪不羁，在当时相当典型。

我们不宜忽略《晋书·刘伶传》里的一句话："泰始初对策，（刘伶）盛言无为之化。"即在司马炎刚建立西晋政权的泰始初年，刘伶没有疯癫，还一本正经地向朝廷献策（其所献之策不合朝廷口味，不被采纳），说明此人在政治上本来是想有所作为的。如果以为刘伶一直"悠悠忽忽"，一直"隗然已醉"，那就错了。

3> 刘伶恒纵酒放达，或脱衣裸形在屋中，人见讥之。伶曰：
"我以天地为栋宇①，屋室为裈衣②，诸君何为入我裈中？"

（任诞6）

|| **释义**

①栋宇：代指房屋。栋，屋梁；宇，屋檐。

②裈（kūn）衣：裤子和衣服。裈，指有裤裆的裤子（即合裆裤；参见孙机著《汉代物质文化资料图说（增订本）》，上海古籍出版社，2008年，第273页）。

|| **释读**

刘伶经常纵酒，放达不羁，有时还脱去衣服，赤身裸体，在自己的屋里走来走去。有人见到，讥笑他不知羞耻，毫无礼仪。刘伶对此回敬道："天地就是我的房子，居室就是我的裤子和衣服，诸君凭什么走进我的裤裆之中呢，你们好意思吗？"

据刘孝标注引邓粲《晋纪》，有一次，若干人突访刘伶家，刚好刘伶脱衣裸身，看到来人面露鄙夷神色，刘伶才有了上面的一段妙语。

也怪不得刘伶生气。刘伶除了爱喝酒，可能还吃五石散。鲁迅《魏晋风度及文章与药及酒之关系》写道："吃了散之后，衣服要脱掉，用冷水浇身；吃冷东西，饮热酒。"估计刘伶脱衣裸体与此有关。换言之，在刘伶看来，我在自己家里爱怎么样就怎么样，用不着外人评议。

魏晋时期，自从曹魏的何晏吃开了五石散之后，服用此散，在士大夫或士人之间一时成了风气，受此影响，刘伶未能免俗是可能的。这也是鲁迅所说的"一班名人都吃药"。

4 > 刘伶身长六尺，貌甚丑悴①，而悠悠忽忽②，土木形骸③。

（容止13）

|| **释义**

①丑悴（cuì）：丑陋而瘦瘠。

②悠悠忽忽：悠闲懒散、毫不在乎的样子。

③土木形骸：指不加修饰、随随便便的本来面目。

|| **释读**

刘伶身长六尺，样貌丑陋而瘦瘠；总是一副悠闲懒散、毫不在乎的样子，衣着素朴，不加修饰，随随便便。

这一则文字，写了刘伶的外形，也描画出其惯常的神态。

可资比较的是，《世说新语》容止门第五则，说"嵇康身长七尺八寸"；若论身高，刘伶远不如嵇康。可在"土木形骸"方面，二人可有一比，且看刘孝标注引《（嵇）康别传》所说，嵇康"土木形骸，不加饰厉，而龙章凤姿，天质自然"。换言之，刘伶也是"土木形骸"，其不加修饰、随随便便的作风大概和嵇康差不多。

本条刘孝标注引梁祚《魏国统》说，刘伶的精神面貌往往是"肆意放荡，悠焉独畅；自得一时，常以宇宙为狭"，这可以视为对"悠悠忽忽"的具体描述。

"常以宇宙为狭"的刘伶是庄子的信徒，他的《酒德颂》，以及他的日常行为，无不散发出庄子意气。其佯狂的姿态，显露出包举宇内、蔑视一切的傲气。如果说，阮籍会对人翻白眼，那么，刘伶简直是对天下万物翻白眼了。

对天下万物翻白眼的刘伶，活得很痛苦，所以，他要酗酒解愁；他看什么都不顺眼，所以，只好肆意放荡，以此来麻醉自己；他不能让别人看穿自己的内心，所以，他装出悠悠忽忽、一切都无所谓的样子。

世间将无所谓挂在脸上的，其实，内心大多都有所谓。无所谓是一种面具，而有所谓才是里子。如果刘伶真是无所谓，就不必在泰始初年给朝廷献策了。

竹林七贤

刘伶以特立独行著称，据《晋书·刘伶传》记载，刘伶虽然是"竹林"中人，但是，他"澹默少言，不妄交游"，可见为人十分孤傲。

在某种程度上说，刘伶喜欢行为艺术，他骗了妻子，竟然在夫人决意断供的情况下成功地使得她乖乖送上酒肉，场景如演戏一般；《晋书·刘伶传》还说，他常常乘坐鹿车，"携一壶酒，使人荷锸而随之，谓曰：'死便埋我。'"这何尝不也是一种表演呢，关键是常常，并非偶一为之。他是有着表演欲的名士。

刘伶的行为，不无怪诞色彩，与《庄子》里所描述的奇奇怪怪的人物有些相似，而他又是庄子思想的继承者，也是践行者。他尚未完全忘情于政治，但他的政治理想是"无为之化"，还是以老庄为本。

刘伶是善终的，大概他始终没有妄议过司马氏政权，诈癫扮傻，和光同尘；在人生策略上，他精明过嵇康，颓废过阮籍。既精明又颓废，是后人研究变态心理的好样本。

六 阮咸

　　阮咸（生卒年不详），字仲容，西晋陈留尉氏（今属河南）人。阮籍的侄子。其父阮熙，官至武都太守。

　　阮咸为人任达不拘，性情与阮籍比较接近，两人关系也格外密切。因阮籍的援引，阮咸参与"竹林之游"，是"竹林七贤"的主要人物之一。

　　同为"竹林七贤"的山涛，在进入西晋之后，曾经想关照阮咸，为他说好话，称阮咸"贞素寡欲，深识清浊"，更对他有较高期许："若在官人之职，必绝于时。"而一向比较听从山涛建议的晋武帝司马炎，却不给面子，认为阮咸"耽酒浮虚"，坚决不予录用为吏部郎（《晋书·阮咸传》）。阮咸曾经在晋武帝咸宁年间做过散骑侍郎、始平太守（一说是在泰始年间）。咸宁年号之后，是太康，山涛卒于太康四年（283）。故此，太康四年之后，估计无人为他说话了。

　　阮咸是一位杰出的音乐家，善弹琵琶，妙解音律，具有较高的音乐造诣。乐器阮咸，或简称"阮"（弹拨乐器，有圆形音箱，又称秦琵琶），就是以其名字命名的。他的音乐才华过于突出，反而招惹其上司的妒忌，遭遇排斥，颇不得志。

阮咸"以寿终"，他在"竹林七贤"中是花边故事较多的人物。

1 阮仲容、步兵①居道南，诸阮②居道北。北阮皆富，南阮贫。七月七日③，北阮盛④晒衣，皆纱罗锦绮。仲容以竿挂大布犊鼻裈⑤于中庭⑥。人或怪之，答曰："未能免俗，聊复尔耳⑦！"（任诞10）

‖ 释义

①步兵：即阮咸的叔父阮籍（做过步兵校尉）。

②诸阮：此指比较富贵的阮姓家族，与阮籍、阮咸等同族而不同支。

③七月七日：即农历七夕。古时于此日除了乞巧之外，还有晾晒经书和衣裳的习俗，唐代诗人沈佺期有诗题为《七夕曝衣篇》。据说，此日晾晒衣物，可以无虫。

④盛：本义指"盛况"，此处指"诸阮"（即好多家）纷纷晾晒衣物，相当可观，蔚为盛况。盛，形容词用作副词。

⑤犊鼻裈：此指贴身短裤（内裤），长仅及膝，两个裤管像牛鼻子的两个鼻孔，故称。

⑥中庭：指屋中的天井，可以晾晒衣服。

⑦聊复尔耳：意为姑且循例也做个样子。

‖ 释读

阮咸和他的叔父阮籍居住在道路南侧，其他的阮姓家族居住在道路的北侧。后者都是富有的，前者却比较贫穷。七月七日，住北边的阮姓家族纷纷在庭院中晾晒衣物，全都是绫罗绸缎之类。阮咸见状，有样学样，将自己的一条犊鼻裈挂在竹竿上晾晒，置于家里的天井之中。有人见到，觉得奇怪，问阮咸想干吗，阮咸回答："未能免俗，姑且循例也做个样子。"

刘孝标注引《竹林七贤论》说："旧俗：七月七日，法当晒衣。"又说当时阮咸其实很小，还未成年："（阮）咸时总角，乃竖长竿，挂犊鼻裈也。"其中，"乃竖长竿"四字很妙，说明别人在屋外就可以望见高高竖起的犊鼻裈，如此张扬，可以说是很阮咸的举动，古往今来，罕见挂出自己的内裤来显摆的。

总角的阮咸，还是一个孩子，竟然如此出位，风趣幽默，傲视人间，难怪他的叔父阮籍那么喜欢他。

视富贵如浮云，而视犊鼻裈珍贵无比，足以拿来炫耀，这是庄子的"齐物论"思想，小小年纪的阮咸是在活学活用了。

阮咸玩世不恭，也是一个好玩的人；他玩音乐玩出了极大的名堂，没想到他玩幽默也玩得如此惊世骇俗。

2 诸阮皆能饮酒①，仲容至宗人②间共集，不复用常杯斟酌，以大瓮③盛酒，围坐，相向大酌④。时有群猪来饮，直接去上⑤，便共饮之。（任诞12）

‖ 释义

①皆能饮酒：此处特指豪饮。

②宗人：同宗的人。

③大瓮：陶制容器，腹部鼓出。

④相向大酌：意为围坐喝酒时两两相对，捉对斗酒。

⑤直接去上：口语，此处意为让猪随便入场（没有驱赶）。直接，此处意为不予拦阻。

‖ 释读

阮姓家族的人都能豪饮，一次，阮咸跟同宗的人聚集，喝起酒来嫌酒杯太小，斟酌过于频繁，不能尽兴，干脆改用大瓮盛酒，喝个痛快。他们围坐在一起，捉对斗饮。刚好有一群猪也拱了进来喝酒落在地上的酒，他们也不拦阻，让猪随便入场，人也喝，猪也喝，人猪两便。

不用杯而用瓮，喝酒时洒落一地是常见的，故而猪才会来凑热闹。这是理解该故事的一个关键点，否则，就很费解了。

有人翻译为："当时有一群猪也来喝，径直凑到酒瓮跟前，于是就一同喝起来。"（张万起等《世说新语译注》，中华书局，2009年，第724页）

有人翻译为："当时有很多猪也来喝，它们直接就上去喝了，于是大家就与这群猪一道喝酒。"（朱碧莲《世说新语详解》，上海古籍出版社，2013年，第483页）

有人翻译为："当时有一群猪也来喝酒，直接爬上大瓮，人与猪就一起喝起来。"（毛德富等译《世说新语》，中州古籍出版社，2017年，第337页）

有人翻译为："这时有很多猪也来喝酒。（阮咸等）只是把浮面的一层酒舀掉，便一起喝起来。"（董志翘等《世说新语笺注》，江苏人民出版社，2019年，第830页）

以上的翻译，没有扣住用瓮来喝酒这一关键细节。诸阮在豪饮，嫌杯的容量太小，才会"以大瓮盛酒"，酒在倒进口中的时候会洒落一地；猪也来喝酒，是正逢其时的。

只不过，他们任凭猪来加入，不做驱赶，也是一种放达的表现。如果不理解口语"直接去上"是什么意思，也就领会不了此故事写"人猪两便"的超然意态。

3 阮仲容先幸①姑家鲜卑婢②。及居母丧，姑当远移，初云当留婢，既发，定将去。仲容借客驴着重服③自追之，累骑而返④。曰："人种⑤不可失！"即遥集⑥之母也。（任诞15）

‖ **释义**

①幸：本义是宠爱，此指与之发生性关系。用为动词。

②鲜卑婢：出身于鲜卑族的婢女。

③重（zhòng）服：古时，父母去世，对孝子而言是重丧，此时所穿的孝服即为重服。

④累骑而返：两人共骑一头驴子回来。

⑤人种：此处指身孕。

⑥遥集：即阮孚，字遥集，阮咸与鲜卑女所生的儿子。

‖ **释读**

阮咸的姑姑回娘家住，身边有一个出身鲜卑族的婢女，阮咸与此女子发生私情。后来，阮咸母亲去世，姑姑不便滞留娘家，按照旧例要移居别处。即将离开时，本来说好将婢女留下来；到出发的时候，却临时改变主意，一定要带走婢女。阮咸一下子紧张起来，连忙向前来吊唁的客人借得一头驴子，穿着孝服追了出去，终于与婢女一起骑着驴子回家。他解释道："人种不可失！"此女子就是阮孚的母亲。

在阮咸的一生中，这一次的追婢事件流传甚广，影响不小，他的名声不佳也跟此事大有关系。

刘孝标注引《竹林七贤论》说："（阮）咸既追婢，于是世议纷然。自魏末沈沦闾巷，逮晋咸宁中，始登王途。"换言之，这个事件大概发生在魏末。魏元帝咸熙二年（265）时，阮咸大约三十出头；这一年，司马昭去世，次年，司马炎建立了西晋王朝。阮咸在"竹林七贤"里算是小字辈，他"沈沦闾巷"多年，一直都出不了头，生性风流惹的祸，可能是一部分原因，这从"世议纷然"就可以看出。而所谓"逮晋咸宁中，始登王途"，说的是晋武帝司马炎咸宁年间（275—279），阮咸已经年届不惑，步入中年了。由此推断，他日后与荀勖发生矛盾，被外放为始平太守，可能就在此咸宁年间（也有人说是在泰始年间，即咸宁的前一个年号）。

不论如何，阮咸的风流韵事给他带来不少麻烦。他为此付出过很多机会成本，是不在话下的。

4 > 荀勖①善解音声②，时论谓之"闇解③"。遂调律吕④，正雅乐⑤。每至正会⑥，殿庭作乐，自调宫商⑦，无不谐韵。阮咸妙赏，时谓"神解⑧"。每公会⑨作乐，而心谓之不调⑩。既无一言直⑪勖，意忌之，遂出阮为始平⑫太守。后有一田父耕于野，得周时玉尺⑬，便是天下正尺。荀试以校己所治钟鼓、金石、丝竹，皆觉⑭短一黍⑮，于是伏⑯阮神识。（术解1）

||| **释义**

①荀勖（xù）：魏晋时颍川颍阴（今河南许昌）人。曾任魏安阳令、从事中郎等职，又任晋中书监、侍中等职。是司马昭、司

马炎父子信任的朝廷大员之一。由于懂音乐，还掌管宫廷乐事。

②音声：即音乐。

③闇（àn）解：深解。闇，深。

④律吕：代指乐律。律，属阳；吕，属阴。古代乐律统称"十二律"，阴阳各六。

⑤雅乐：即"正乐"，用于朝廷的重大场合，属于正规礼乐。

⑥正（zhēng）会：代指皇家元旦朝会。正，正月。

⑦宫商：代指五音（宫、商、角、徵、羽），即五个音阶。

⑧神解：神妙之解，比闇解的层次要高得多。

⑨公会：因公集会，不是私人场合。

⑩不调：不协音律。此处特指仅仅有一点儿不协调而已。

⑪直：肯定，赞美。

⑫始平：地名，治所在槐里（今属陕西兴平）。

⑬周时玉尺：周代的标准尺。

⑭觉：通"较"，比较。

⑮短一黍（shǔ）：短了一粒米的长度。黍，古代长度单位，一黍为一分，百黍为一尺。

⑯伏：通"服"，即佩服。

释读

荀勖深于理解音乐的乐理，当时称之为"闇解"。朝廷每逢举办正规的礼乐活动，都让荀勖负责调定乐律。新年元旦，皇家必有正会，在殿庭里安排乐队表演，荀勖皆亲自调试音调音准，无不合律，协和动听。阮咸欣赏音乐的水平极高，尤其是辨音的能力极强，当时称之为"神解"。每一回，朝廷正规演出，阮咸心里总觉得差那么一点儿；他没有一次开金口表扬过荀勖，荀勖心怀不满，又妒忌阮咸的音乐才华高于自己，于是借故将阮咸外派到始平郡做太守。后来，有一个农夫在郊外开垦土地，挖到一把周代的玉尺，也就是校准天下乐器的正尺。荀勖用来核校自己监制的钟鼓类乐器、金石类乐器、丝竹类乐器，一比对，发现都短了一黍，这才真心佩服阮咸的辨音能力实在神妙。

在音乐方面，荀勖与阮咸皆称高手，可他们之间存在瑜亮情结。论官位，荀勖高于阮咸；论乐感，阮咸之神妙乃荀勖所不及。在司马氏掌权时期，荀勖是司马氏父子信得过的人，而阮咸由于名声不佳，靠边站，甚至被踢出局。荀、阮的矛盾是阮咸一生中的一个事件，《晋书·阮咸传》特意提及，可见非同小可。

不过，同一时代，同时出现荀勖和阮咸这样两位音乐高手，也可以说明古代的礼乐文化到了魏晋时期正向着精妙的方向发展，"不差一黍"是当时的音乐家的艺术追求。

5 山公举阮咸为吏部郎①，目②曰："清真寡欲，万物不能移也。"（赏誉12）

‖ **释义**

①吏部郎：吏部中主管选举事务的官员。

②目：此指举荐的评语。目，用为动词，意为品题，品评。"目曰"是"目之曰"的省略形式。

‖ **释读**

山涛举荐阮咸出任吏部郎，在上奏朝廷的举荐评语中有一句话："清真寡欲，万物不能移也。"

在晋武帝司马炎当政时期，山涛是主管吏部的朝廷大员，吏部郎是他的下属。他有意举荐阮咸，一来重视阮咸的才干，一来念及"竹林同游"的交谊。

据刘孝标注引山涛《启事》，当时，吏部郎史曜被调出，有空缺，山涛推举阮咸补缺；另据曹嘉之《晋纪》，山涛执意让阮咸来补，接连三次上奏朝廷，可是，都被晋武帝否决。结果，吏部郎改由一个叫陆亮的人来出补。

山涛在其仕宦生涯很少遇到这种挫折，晋武帝对他言听计从的时候居多。按说，阮咸也不是别人，是阮籍的侄子；阮籍是晋武帝父亲司马昭的好友，尽管此时阮籍已经去世，但照顾一下自己世叔伯的侄子，于情理上似乎没有难度。但晋武帝咬定阮咸是一个不中用的人，说他轻浮，任凭山涛如何说好话，就是不听。

这从一个侧面折射出阮咸当时的名声很不好。

山涛给出的好评语，不仅有水分，而且可能是大话，但这样做，暗藏着山涛的一份苦心，只是晋武帝不能理解和领会。刘孝标注引《竹林七贤论》说："山涛之举阮咸，固知上（晋武帝）不能用，盖惜旷世之俊，莫识其真故耳。夫以（阮）咸之所犯，方外之意，称其清真寡欲，则迹外之意自见耳。"山涛有时候是保留着一种名士脾气的，他认为阮咸是旷世之俊，不宜用世俗眼光来看待他；可别人不明白山涛的用意，也就不懂阮咸身上的"竹林七贤"的某些遗风。所谓"方外之意"或"迹外之意"，即有超越世俗的意思；说不定山涛是想说服晋武帝也来学学其父司马昭当年怀柔阮籍的故事，将阮咸视为可以拉拢的对象，这样对巩固西晋政权有好处而没什么坏处。

可阮咸此时所处的环境已经变了，不复是他叔父阮籍在司马昭身边的时候。这只能说阮咸的遭际暗示着"竹林七贤"的末路。

阮咸是阮籍眼中的一个人物，可不一定是阮籍心目中理想的阮氏后人。阮籍的儿子阮浑长大成人，风气韵度很像其父，也想学着父亲和堂兄阮咸那样放达不羁。没想到，阮籍很严肃地对儿子说："我们阮家后人，有一个阮仲容就够了，你不能再学了！"（《世说新语》任诞门第十三则）显然，放达不羁不是正途，阮籍心里明白。

阮籍领着阮咸参与"竹林之游"，也不能说把自己的侄子带坏了。当时，曹魏政权裂变，曹氏衰落，司马氏兴盛起来；接着，司马氏取曹氏而代之，这已经是改朝换代的节奏。作为曹操时代的著名文士阮瑀的后代，阮籍也好，阮咸也好，对曹魏政权尚存好感，要他们一下子转过弯来，是很难的；可面前的司马氏也不得不面对，要完全脱离，又是很难的。实在是处于两难的境地。所以，所谓放达不羁是一种模糊的处世策略，谁都不得罪，谁都不讨好，浑浑噩噩，和光同尘，这是在两难的夹缝里求生存的无奈之举。

随着时间推移，也跟随政治环境的变迁，上一代人的活法不一定要复制给下一代，时移世易，活法没有标准答案。这是阮籍不愿意儿子再去学自己和阮咸的原因。

其实，活法不可复制，阮咸也是不可复制的。这一位"竹林七贤"中的小字辈，真是一个人物。他好玩、有趣、旷达、任性，有时候很粗线条，粗豪到可以跟猪一起喝酒；有时候却精细无比，乐音与乐律在协调时就差那么一丁点儿，他也能听得出来，在高手那里几乎可以忽略不计，可他较真到神妙的程度，超越了高手，是高手中的高手。如此反差明显，却又集于一身，这就是独一无二的阮咸。

阮咸的人生道路曲折不断，有时代的因素，也有个人的问题。就后者而言，他玩世不恭，疏于检点，缺点不少，故而惹来物议，遭遇困顿，也就事出有因了。

阮咸毕竟是古代文化史尤其是音乐史上有着重要贡献的人物，他的音乐天分是出众的，他对琵琶的改造是成功的，一把阮咸流传千古，阮咸其人也就活在历史之中。

七 王戎

王戎（234—305），字濬冲。西晋琅邪临沂（今山东临沂北）人。其父王浑，官至凉州刺史，封贞陵亭侯，是阮籍的好友。

王戎比阮籍小二十四岁，阮籍很喜欢他，结为忘年交。王戎与阮咸年纪相当，一起加入"竹林之游"，成了"竹林七贤"之一。

王戎为人处世，多有模仿阮籍之处，《晋书·王戎传》记载："性至孝，不拘礼制，饮酒食肉，或观弈棋，而容貌毁悴。"这类举止，颇像阮籍。

与阮咸不同的是，王戎后半生的官运相当不错，曾因平吴有功，进爵安丰县侯，故世称王安丰；后官至尚书令、司徒，达至"三公"的高位。

1> 魏明帝①于宣武场上断虎爪牙②，纵③百姓观之。王戎七岁，亦往看。虎承间攀栏而吼，其声震地，观者无不辟易颠仆④，戎湛然不动⑤，了无⑥恐色。（雅量5）

释义

①魏明帝：即曹叡，曹丕儿子，曹丕死后继位。王戎生于魏明帝青龙二年（234），而魏明帝于景初三年（239）去世。本故事发生时，王戎其实未满七岁。

②断虎爪牙：将老虎的爪牙包裹起来。断，意为隔断，不是折断。这是难度很高的惊险场面。

③纵：容许。

④辟（bì）易颠仆（pū）：或慌忙避开，或吓得倒地。辟，通"避"；易，改换（位置）。辟易，意为退避、离开。颠仆，意为倒地。

⑤湛然不动：沉着冷静，一动不动。

⑥了无：一点儿也没有。

释读

魏明帝晚年，在宣武场上让人表演"断虎爪牙"的绝技，即将老虎的爪牙包裹起来，这是难度很高的惊险场面，容许老百姓也入场观赏。当时，王戎虚岁七岁，也前来观看。表演期间，只见老虎忽然在围栏内攀爬、咆哮，声音震地，吓得观众避开的避开，倒地的倒地，可王戎纹丝不动，沉着冷静，一点儿也没有惊恐的神色。

《全晋文》卷一三七有《竹林七贤论》，其中有一段相关的文字，大意说，魏明帝让力士表演，在围栏内与虎搏斗，观众惊骇，而王戎"亭然不动"，"帝于阁上见之，使问姓名而异焉"。（清严可均辑《全晋文》，商务印书馆，2006年，第1491页）换言之，小小王戎，镇定自若，异于常人，魏明帝远远就察觉了，还派人去问是谁家的孩子。

王戎儿时故事多。"竹林七贤"都是有故事的人物，而王戎
的故事多是从幼年时代就开始了。

2 > 王戎七岁，尝与诸小儿游。看道边李树多子①折枝②。诸
儿竞走③取之，唯戎不动。人问之，答曰："树在道边而多
子，此必苦李④。"取之，信然。（雅量4）

|| **释义**

①多子：意为果实很多。子，此指果实。

②折枝：意为果实将树枝压弯，好像快要折断的样子。

③竞走：相继奔跑过去。竞，有争先恐后之意；走，意
为跑。

④苦李：李子是苦的。

|| **释读**

王戎七岁时，跟小伙伴们一起玩。看见路旁的李树挂满了
果实，树枝都被压得快要折断的样子，小伙伴们兴奋起来，争
先恐后地跑了过去，要摘李子吃。唯独王戎一动不动。有人问
他为何不跑过去，他说："路边李树，这么多果子还在，一定是
苦的，不好吃。"小伙伴们摘下来一尝，果然是苦的。

王戎早慧，智商比别的孩子要高，小小年纪就懂得观察和
推理，异于常人。

无独有偶，佛经故事里也有一个类似的传说。说的是佛陀
在其前生曾经是一个商队主人，有一次，在路上看见一棵树上
果实长得诱人，但佛陀禁止商队成员去摘果子吃，并说这是一

棵毒树，理由是：此树不难攀登，离村子又不远，树上佳果累累，无人采摘，由此可知，这是不能吃的。（郭良鋆、黄宝生译《佛本生故事选》，人民文学出版社，1985年，第40—41页）

不知道二者是否有关系。就算没有关系，比较一下，也是很有趣的。

3 ▶ 王濬冲、裴叔则①二人，总角诣钟士季。须臾②去后，客问钟曰："向③二童何如？"钟曰："裴楷清通④，王戎简要⑤。后二十年，此二贤当为吏部尚书，冀⑥尔时⑦天下无滞才⑧。"（赏誉6）

||| **释义**

①裴叔则：即裴楷，字叔则。魏晋时期著名的清谈家。

②须臾：片刻，不一会儿。

③向：刚才。

④清通：清晰通透。意为能够洞察事物，而条理分明。

⑤简要：简易扼要。意为能够抓住要点，而去掉烦琐。

⑥冀：希望。

⑦尔时：那个时候。

⑧无滞才：意为人才不被埋没。滞才，指未被发现的人才。

||| **释读**

王戎、裴楷二人在年少时去拜访钟会。坐了一会儿，他们就告辞了。有客人问钟会："刚才这两个小童怎么样？"钟会答道："裴楷清通，王戎简要。过二十年，这两个贤人应当做吏部

尚书，希望那时候天下没有被埋没的人才。"

据刘孝标注引《晋阳秋》："戎为儿童，钟会异之。"可见，王戎小时候不仅得到魏明帝的关注，也受到钟会的青睐。

王戎年长裴楷四岁。他们成年后，正是司马昭辅政时期，二人得到钟会的举荐步入仕途，那时王戎二十二岁，裴楷十八岁，都属于年轻有为。

4﹥嵇、阮、山、刘①在竹林酣饮，王戎后往。步兵曰："俗物②已复来败人意！"王笑曰："卿辈③意，亦复可败邪？"（排调4）

‖ **释义**

①嵇、阮、山、刘：即嵇康、阮籍、山涛、刘伶。

②俗物：指未能超俗之人。语带调侃，并非骂人。

③卿辈：意为你们几位前辈。语带调侃。相较而言，王戎年轻，是小字辈。

‖ **释读**

嵇康、阮籍、山涛、刘伶正在竹林酣饮，王戎姗姗来迟。阮籍调侃道："我们正喝得高兴，你这俗物中途才加入，搅乱我们喝酒的意兴！"王戎笑道："你们几位前辈喝酒的意兴岂是我能搅乱的吗？"

刘孝标注引《魏氏春秋》说："时谓王戎未能超俗也。"所谓"未能超俗"，未必是说王戎尚有俗气，而是指他跟嵇、阮等前辈之间还有一段心理距离，毕竟年龄差异和阅历差异都摆在那里，无法一下子就超越。

嵇、阮等愿意接纳小朋友王戎一起玩，说明王戎不俗，否则，他们难以结成忘年交。阮籍口中的"俗物"一词反而显示出他们的关系有些没大没小，很是亲切。故此，王戎一听就乐了，连忙笑着回敬了一句。

"卿辈"二字不可忽略，暗示王戎与嵇、阮等人有年龄差距，论年齿为不同辈。但他们没大没小地玩在一起，与受到《庄子》的影响有关。

这一则文字，话语不多，却是格外鲜活。

竹林七贤

5▷ 王戎父浑①有令名②，官至凉州刺史。浑薨③，所历九郡义故④，怀⑤其德惠⑥，相率致赙⑦数百万，戎悉不受。（德行 21）

|| **释义**

①王戎父浑：王戎的父亲王浑，是阮籍好友。

②令名：好的名声。此指好的官声。

③薨（hōng）：古代称诸侯或有爵位的大官之死。

④所历九郡义故：意为王浑在很多州郡做过官，有一群领受过其恩义的故旧。九郡，泛指众多州郡。义故，指得到过恩义的故旧。

⑤怀：感念。

⑥德惠：德政和恩惠。

⑦致赙（fù）：致送奠仪（俗称帛金）。赙，致送给丧家办理丧事的钱。

‖ 释读

王戎的父亲王浑有好的官声，官至凉州刺史。他在很多州郡做过官，有不少得到过其恩义的故旧。王浑去世时，这些故旧感念他的德政和恩惠，纷纷致送奠仪，帛金数额多达数百万，可作为孝子的王戎敬谢而已，一概不收。

刘孝标注引虞预《晋书》说："（王）戎由是显名。"这里可以辨析的是，在大丧这个问题上，王戎有两方面的表现很突出：一则是"哀毁骨立"，一则是不收帛金。前者，在世俗的眼光看来是有违"毁不灭性"的"圣教"；后者，同样在世俗的眼光看来是难能可贵。王戎的名声由此传开。

王戎以吝啬出名，却绝不借丧礼收取巨额帛金，其个性是多侧面的。

6 › 王戎、和峤①同时遭大丧②，俱以孝称。王鸡骨支床③，和哭泣备礼④。武帝谓刘仲雄⑤曰："卿数⑥省⑦王、和不⑧？闻和哀苦过礼，使人忧之。"仲雄曰："和峤虽备礼，神气不损；王戎虽不备礼，而哀毁骨立。臣以和峤生孝⑨，王戎死孝⑩。陛下不应忧峤，而应忧戎。"（德行17）

‖ 释义

①和峤：西晋汝南（今河南西平）人。官至颍川太守。为政清简，而为人吝啬。

②大丧：指父或母去世。

③鸡骨支床：形容消瘦衰弱，体力难支。

④哭泣备礼：依照儒家对丧礼的规定来哭丧。备礼，指按

足礼数去做。

⑤刘仲雄：即刘毅，字仲雄，为人方正，责人甚严。官至尚书左仆射。

⑥数（shuò）：本义是多次、屡次，此处转义为分别。

⑦省（xǐng）：探视，此处特指吊唁。

⑧不（fǒu）：通"否"。

⑨生孝：常人之孝，尽哀而已。

⑩死孝：非常人之孝，哀痛欲绝。

|| **释读**

王戎、和峤二人同时遭遇大丧，他们都以孝子著称。王戎消瘦异常、体力难支，和峤依照礼制来哭丧。晋武帝问素来严谨端正的刘毅道："你是否分别去过王家、和家吊唁呢？我听说和峤哀苦过当，让人担忧。"刘毅回答："和峤已尽丧家礼数，可神气不损；王戎虽然没有按足礼数来做，但哀伤彻骨，整个人都快倒下了。臣以为，和峤属于常人之孝，尽哀而已；而王戎属于非常人之孝，哀痛欲绝。陛下不必担忧和峤，倒是要担忧王戎啊！"

《孝经·丧亲》说："三日而食，教民无以死伤生。毁不灭性，此圣人之政也。"儒家重视丧礼，但不主张过度哀毁，更不提倡死孝。在这个故事中，和峤处处合乎礼数，而王戎的表现被刘毅视为死孝。刘毅提醒司马炎，要防止王戎出人命。

司马炎建立晋朝，出于司马氏父子篡夺曹魏政权的内心恐惧，不敢提倡"忠"，而大力倡导"孝"，主张"以孝治天下"。故此，当时的孝道故事格外引人关注。这是处于大丧期间的王戎、和峤受到众人乃至于皇帝重视的原因。

王戎与阮籍都是性情中人，不讲究门面功夫，至亲去世，真情流露，尽其哀毁，乃至到了体力不支的程度，这不是任何人都可以做到的。形成对比的是，和峤也显得哀毁动人，可他神气不损，这就可以看出，其表演的成分居多，故此，懂得其中门道的刘毅反而不会担心和峤出事。

"神气损"与"神气不损"是判别准则，前者是死孝，后者是生孝。刘孝标注引《晋阳秋》说："世祖（司马炎）及时谈（当时的舆论）以此贵（王）戎也。"这个说法值得商榷。刘毅提醒晋武帝更要担心王戎，是强调其"哀毁骨立"的严重性和危险性，如果出了人命就成了"毁而灭性"的反面典型，不利于在以孝治天下时贯彻"圣人之政"。司马炎是不会鼓励大家向王戎学习的，所谓"以此贵戎"的说法难以成立。

又，据《晋书·王戎传》记载，王戎于晋武帝时代丧母，而和峤则是丧父。

7 王戎丧儿万子①，山简②往省之，王悲不自胜。简曰："孩抱中物③，何至于此？"王曰："圣人忘情，最下不及情；情之所钟，正在我辈。"简服其言，更为之恸。（伤逝4）

‖ **释义**

①万子：即王绥，字万子，王戎之子，年十九卒。

②山简：山涛之子，字季伦。

③孩抱中物：本义为怀抱里的孩子，转义为"去一个，还可以生一个"，是劝慰语。

释读

王戎的儿子王绥死了，山简前来吊唁，王戎悲不自胜。山简劝慰道："孩抱中物，何必过度悲伤呢？"王戎接口说："如果是圣人，可以超然于情感之外；如果是底层百姓，没多少感觉，也就罢了；可是，我这类人专注于情感，难以释怀啊！"山简听了，打心眼里明白此话在理，更为触动哀思，为王绥的过早去世而悲恸不已。

王戎是一个智商、情商都很高的人。儿子夭折，悲不自胜，毫不掩饰，真情流露。"竹林七贤"都重真情，王戎也不例外，所以，他才会说"情之所钟，正在我辈"。此"我辈"二字，可圈可点。而山简作为"竹林七贤"的第二代，也能心领神会。

山简与王戎交往密切，犹如嵇康儿子嵇绍与山涛也有密切交往一样，"竹林七贤"的第二代跟他们的上一代的联系没有随着岁月的流逝而中断。

8 ▷ 王戎为侍中①，南郡②太守刘肇遗③筒中笺布④五端⑤，戎虽不受，厚报其书⑥。（雅量6）

释义

①侍中：官名，魏晋时是皇帝身边的重要职务，预闻朝政。

②南郡：治所在今湖北江陵。

③遗（wèi）：馈赠。

④筒中笺布：当时一种比较贵重的细布。

⑤五端：五匹。

⑥书：信函。

释读

王戎担任侍中职位时，南郡太守刘肇馈赠了五匹精美的细布，王戎尽管没有接受，但还是写了一封言辞恳切的感谢信给刘肇。

据刘孝标注引《晋阳秋》和《竹林七贤论》，此事发生在晋武帝时代，惹出了一段政坛风波：有朝廷要员得悉刘肇试图行贿（布五十匹，不是五匹），要求朝廷将刘肇治罪，"除名终身"。同时，王戎写了感谢信，引来非议。而司马炎出面制止朝议，说王戎"义岂怀私"，替他辩白。非议虽然被压制下来，但王戎的名誉不如以前，《晋书·王戎传》说"为清慎者所鄙，由是损名"。

王戎那时是侍中，在晋武帝身边，连皇帝也为他开脱，说明王戎与司马炎的君臣关系非同一般。

9▷ 王濬冲为尚书令①，着公服，乘轺车②，经黄公酒垆③下过，顾谓后车客："吾昔与嵇叔夜、阮嗣宗共酣饮于此垆，竹林之游，亦预其末。自嵇生夭、阮公亡以来，便为时所羁绁④。今日视此虽近⑤，邈若山河⑥。"（伤逝2）

释义

①尚书令：官名，尚书省的长官，负责政令。

②轺（yáo）车：魏晋时官僚所用公车。轺，小马车。

③黄公酒垆：酒家名。

④羁绁（xiè）：约束、拘限。羁，原指马笼头，意为羁

绊；绁，原指绳索，意为拴住。

⑤近：此指亲近。

⑥邈（miǎo）若山河：意为相隔如大山大河。邈，辽远，
悠远。

‖ 释读

王戎做尚书令的时候，一次，穿着公服，坐着公车，路过黄
公酒垆，回过头来对坐在车后边的人说："我以前跟嵇叔夜、阮
嗣宗一起在此酒家喝酒畅饮，当年的竹林之游，我是叨陪末座。
自从嵇先生夭折、阮公病亡以来，便为时势所羁绊（不得不出来
做官）。今天来到此旧游之地，虽然也感受到一份亲近，可是已
经跟嵇、阮二公相距甚远，如同阻隔于大山大河一般了。"

为何强调王戎此时是穿着公服、坐着公车呢？因为想当
年，他作为"竹林七贤"之一时，没有官职；可如今，已经大
有不同，身份的差异很大。

王戎路过黄公酒垆，一定有很多感慨，不仅仅是"今日视
此虽近，邈若山河"那么简单、那样空泛；他称"嵇生夭、阮
公亡"，用语十分考究，可以看出他是回想着嵇康是如何"夭"
（被杀头）、阮籍是如何"亡"（写出《劝进文》后不久就病
亡）的，这些往事不堪回首，却也难以忘怀。旧地重游，物是
人非，天人永隔；人事的纷繁，政事的变迁，乃至于自己身份
的前后对比，怎不叫王戎五味杂陈呢？

王戎做尚书令，是在晋惠帝永宁元年（301），而王戎本人
卒于晋惠帝永兴二年（305），享年七十二岁。换言之，此时的
王戎已届垂暮之年，触景生情，回首前尘往事，不胜唏嘘，无
限慨叹。官也做了，且越做越大，却又如何？能够拿出来向后

辈炫耀一下的还是追随嵇、阮的那一段时光。

"自嵇生夭、阮公亡以来，便为时所羁绁"，最是可圈可点。嵇、阮离别人世以后，王戎其实是官运亨通的，他得到钟会的提拔，得到司马氏政权的重用，可是，在其心目中，那不过是"为时所羁绁"；是有点无奈，还是有些后悔？天晓得！如果借用阮咸当初所说的"未能免俗"的话来形容王戎的心情，可能是说得轻了一些；但是，人是复杂的，王戎是否想到，若在黄泉之下与嵇、阮重逢，该如何说话呢？也许王戎自己也不知道。

10▷王戎俭吝①，其从子②婚，与一单衣③，后更责之④。（俭吝2）

||| **释义**

①俭吝：节俭、吝啬。

②从子：侄子。

③单衣：单层衣服，当时的便服。

④后更责之：后来重又索讨回来。责，意为索讨。

||| **释读**

王戎生性节俭、吝啬。他的侄子结婚，他送去一件单衣作为礼物，可是，后来还是跟侄子讨了回来。

在"竹林七贤"中，王戎以俭吝著称，所以，《世说新语》俭吝门里有一连串王戎财不出外的小故事。

11 司徒王戎，既贵且富，区宅僮牧①，膏田水碓②之属，洛下③无比。契疏④鞅掌⑤，每与夫人烛下散筹⑥算计。（俭啬3）

释义

①区宅僮牧：指房产、仆役。

②膏田水碓（duì）：指良田、作坊。膏，意为肥沃。水碓，指使用水力加工粮食的作坊。碓，捣米的器具。

③洛下：指京师洛阳城。

④契疏：契约、账簿。

⑤鞅掌：意为繁多（联绵词）。《三国志·吴书·吕岱传》有"文书鞅掌"一语，形容文书繁多。

⑥散筹：散开筹码。

释读

王戎身为司徒，地位甚高，既贵且富，所拥有的房产仆役、良田作坊等，在京师洛阳城内无人可比。契约、账簿也多到难以计算，他常常跟夫人一起在烛光之下摆开筹码，一一计算。

刘孝标注引《晋诸公赞》说："（王戎）自遇甚薄，而产业过丰。"可见王戎是一个守财奴。家大业大，可又舍不得花费，过着俭啬的日子。当时，人们对王戎的做法表示不解，也议论他有失身份。

若说王戎的特点是简要，在此可以有多一重理解，即其人能省则省，也是简要的表现。

12 王戎有好李，卖之，恐人得其种，恒钻其核。（俭啬4）

||| **释读**

王戎家的李树结出很多李子，品种上佳，吃不完，拿出来卖；可他为了防止别人栽种，于是，一定在出售之前将果核钻一下，别人要种也发不了芽。

王戎思虑周密，智商高，可他的心思有时候用得过于小气。所以，《晋书·王戎传》说他"在职无殊能"，聪明是聪明，但为人不够大气，在为官方面也不见得有多大的作为。

观察一个人，不可忽视细节，见微知著，王戎就是一个典型例子。

13 王戎女适①裴頠②，贷钱③数万。女归，戎色④不说⑤。女遽⑥还钱，乃释然⑦。（俭啬5）

||| **释义**

①适：嫁，许配。

②裴頠：王戎女婿。其父裴秀，官至司空。裴頠本人在西晋初年地位显赫，官至国子祭酒，兼右军将军。

③贷钱：借钱。

④色：脸色。

⑤不说：不高兴。说，通"悦"。

⑥遽（jù）：立即。

⑦释然：放下心来。

释读

王戎的女儿许配给了裴颇。裴颇曾向岳父借钱数万。女儿回娘家，还没还钱，王戎一脸不高兴。女儿立即把钱还上了，王戎脸色这才好了起来。

王戎是个守财奴，在处世方面有些不近人情，对侄子如此，对女儿、女婿也是如此。亲人尚且这样，对外人想必更甚。

貌似智商、情商均高的王戎，过于精明，反而显得毛病很多。

14▸ 王安丰妇①常卿安丰②。安丰曰："妇人卿婿，于礼为不敬，后勿复尔③。"妇曰："亲卿爱卿，是以卿卿④；我不卿卿，谁当卿卿？"遂恒听之⑤。（惑溺6）

释义

①王安丰妇：即王戎的妻子。

②常卿安丰：常常直接以"卿"（你）来称呼王戎。

③后勿复尔：下不为例。

④卿卿：前一个"卿"为动词，后一个"卿"为代词（你），作宾语。动宾结构。

⑤遂恒听之：于是一直顺从了这一称呼。恒，一直。听，听从。

释读

王戎的妻子常常以"卿"（你）来称呼丈夫。王戎说："做妻子的以'卿'来称呼夫婿，在礼数上显然失敬，下不为例。"

妻子说："我亲近卿，热爱卿，所以才称你为卿；我如果不称你为卿，谁有资格称你为卿呢？"王戎无法反驳，于是就一直顺从了这一称呼。

这可是王戎的一段趣闻。古人在称谓上极为讲究，不得错用，故有《称谓录》一类的书做指南。古代上级称呼下级、长辈称晚辈为"卿"，妻子称丈夫为"卿"，显然有失男尊女卑的礼数。王戎一开始听觉得很别扭，故而抗议，要妻子改口；可妻子一番温软细语，"卿卿我我"，说得王戎心花怒放，夫妻恩爱，竟能如此柔情万种，做丈夫的又岂能生气呢？

原来，王戎夫人的情商也是不低的。"卿卿"连用，丰富了汉语的语汇，成为一种亲昵之称。她在词汇方面的贡献也是值得后人铭记的。

"卿卿"，不无夫妻平等之意，发自女性之口，合乎夫妻之情，终究不失为一段美谈。

15. 裴令公①目②王安丰："眼烂烂③如岩下电。"（容止6）

‖ **释义**

①裴令公：即裴楷，曾做中书令，被尊称为"裴令公"。

②目：本义为眼中所见，此处转义为品评。

③烂烂：明亮而威严的样子。

‖ **释读**

裴楷品评王戎道："双眼有神，目光锐利，颇有威严，就像高山岩石下的一道闪电。"

刘孝标注释道："王戎形状短小，而目甚清照，视日不眩。"即个子不高，但眼睛炯炯有神，直视太阳而不觉得目眩。可能说得有些夸张，但王戎的眼睛以有神著称，是可以肯定的。

　　王戎是"竹林七贤"的最后一位人物。他成名早，赶上了与嵇康、阮籍等一起玩的好时光。所谓好时光，不是指时代，而是指机缘。嵇康、阮籍等人，是不世出的英才，能够跟他们结伴，作"竹林之游"，是王戎一生的荣幸。

　　王戎的性格异常复杂，构成一种很大的性格张力：他拒不接受数百万的帛金，却对借给女儿、女婿的钱念念不忘，不见到还回来的钱心里不踏实；他家大业大，财富多到数不过来，可是侄子结婚时送出去的一件单衣却还要讨回；他见识不少，官阶也越做越高，可没有做过什么值得历史学家记录下来的大事。他的故事，展现小聪明的多，大智慧的少，甚至可以说没有。

　　写在《晋书·王戎传》里的文字，多是琐琐细细，而消极负面的占了不少。按说，他一生在官场上遇到的贵人不少，如魏明帝、钟会、山涛等，机遇很多，官运很好，可就是不成气候。

　　不过，王戎晚年权势较大，为琅邪王氏在政坛上的崛起奠定了门阀基础。他的堂弟王衍、王澄，以及同宗的王敦、王导等，在将要形成的新的历史舞台上得以大显身手，乃至于在东晋建构起相当独特的门阀政治，出现"王与马，共天下"的局面，追溯起来，王戎无形的影响力不可忽视。